生き残った人の7つの習慣

著／小西浩文

山と溪谷社

生き残った人の7つの習慣

目次

「山の危機管理」は、「現代社会を生き抜く危機管理」でもある

最近、「危機管理」という言葉を、いろいろな場面でよく耳にする。

例えば、不祥事を起こした組織のトップが、いつまでたってもなんの説明もしないで逃げ回っていると、ワイドショーのコメンテーターらが口々に「危機管理がなっていない」などと言うのは、皆さんもご存知の通りだ。また、近ごろ続発する地震や台風などの自然災害でも、国や専門家が「常日ごろからの危機管理が重要」などと呼びかけることも少なくない。

そもそも「危機管理」とは、あさま山荘事件で陣頭指揮を執った後、初代内閣安全保障室長などを歴任された佐々淳行《さっさあつゆき》氏が、英語の「risk management」を直訳したところからきた言葉だ。この成り立ちからもわかるように、もともとは国家や、軍隊・警察などの組織において、不測の事態が発生した際、いかにしてそれを素早く収束して、ダメージを限定的にさせていくかということを目的としていた。そのため、主に組織を率いるリーダーの心得、組織内の連

絡・命令体制の構築、緊急時の行動規範の制定を指すことが多かった。

だが、昨今言われている「危機管理」の意味するところは、それと大きく異なる。ビジネスはもちろんのこと、対人関係、日常生活、災害現場など、現代社会におけるありとあらゆる「危機」を想定しており、現代人が生き抜くためのスキルともいうべき、広義の「サバイバル術」の様相を呈しているのだ。

そんな「危機管理」のテクニックを、もしもあなたが真剣に身につけたいと思い立ったら、実はうってつけの世界があるのをご存知だろうか。

それは「山」である。

＊

毎年多くの人が遭難事故に遭われることからもわかるように、山にはありとあらゆる「危機」が溢れている。道に迷ってしまうこともあれば、滑落することもある。雪山の場合など、吹雪の中で凍死してしまうこともあれば、雪崩に押しつぶされて五体が散り散りバラバラになってしまうこともある。

また、「危機」は自然だけではない。頂上を目指すチームの中には、脱落者が出てくるかもしれない。個人の勝手な行動が思わぬ事態を招くケースだってある。メンバー同士で信頼関係を築くことができず、チームが空中分解してしまえば、それが思わぬ悲劇を招くこともある。

ありとあらゆる「危機」に直面しないように、ありとあらゆる事前準備やシミュレーションを行ない、わずかな異変も察知して、「危機」回避をしながら頂上を目指していく。そして、五体満足で無事に麓まで「生還」をするということが、「山に登る」ということなのだ。

登山で「危機管理」が重要なのはよくわかったけれど、自分は山に登る予定も特にないので関係ないかな、とこの本を閉じかけた方も多いだろう。

だが、それは大きな誤解である。山の世界で必要な「危機管理」というものは、実は一般社会でも大いに役に立つからである。

＊

例えば、皆さんが日々取り組んでいる「仕事」を思い浮かべていただきたい。チームのモチベーションを上げて、目標を達成する。顧客に対して自分たちのセールスポイントを訴求して、サービスや製品を買ってもらう。どのようなシチュエーションであっても、共通するのは、さまざまな問題が発生するということだろう。問題をどう解決して、定めたゴールへ辿り着くかということが「仕事」と言ってもいい。

そう聞くと、勘のいい方はもう何を言わんとしているかおわかりだろう。次から次へと発生する「問題」を乗り越えてゴールを目指すというのは、先ほど紹介した「山の危機管理」そのものである。

目標達成のため、シミュレーションを繰り返して、リスクを洗い出し、いくつもの代替プランを用意しておく。皆さんが仕事の現場で日常的に行なっているリスクヘッジというのは、登山家たちが行なう危機管理と驚くほど似ている。むしろ、瓜二つと言っていい。

そのため、政治家や経営者、そして指導者などさまざまな分野のリーダーたちの中には、「山の危機管理」を参考にしようという方が多い。過酷な世界でくじけそうになる自分や仲間をどう奮い立たせて、「ゴール」を目指すかというマネジメントや、いかに「危機」を回避して生き残るのかという術を、自分たちの世界でも活用しようとしているのだ。

実際、私自身も山で体験してきた「危機」や、それをどう回避したのかということを、これまで、のべ数万人という経営者やビジネスマンの方たちにお話をさせていただいてきた。

＊

自己紹介が遅れたが、私の名は小西浩文《こにしひろふみ》。「八〇〇〇メートル峰の無酸素登頂」に挑み続けてきたプロの登山家である。

ご存知の方も多いと思うが、標高八〇〇〇メートルくらいの高さというのは、「デス・ゾーン」（死の地帯）と呼ばれている。酸素が平地の三分の一しかないので、息苦しいどころではなく、人間が生きていくのに必要不可欠なものが足りないわけで、すぐに視力は減退し、脳機能障害が引き起こされ、正常な思考ができなくなる。そのため、八〇〇〇メートル峰というのは通常、酸素ボンベを背負ってマスクで酸素吸入をしながら登頂していく。酸素ボンベがなければ、普通の人ならば三十秒ほどで失神し、どうにか意識があったとしても急性脳浮腫や肺水腫になり、何もしなければ確実に死に至るだろう。ジャンボジェット機が飛ぶ高さが、標高八〇〇〇メートルである。あの高さにいきなり放り出された状態だとイメージしていただきたい。

そんな「デス・ゾーン」を、私は「無酸素」――すなわち酸素ボンベを使わず己の肉体のみで挑んできた。八八四八メートルという世界最高峰エベレストをはじめ、八〇〇〇メートル超の山は地球上に十四座存在しており、私はこれまでに六座を制覇してきた。

このような登山家人生を歩んできた私が辿り着いたのが、先ほど申し上げたような「登山とは究極の危機管理」という結論なのだ。

デス・ゾーンではほんのわずかな躊躇、わずかな迷い、そしてわずかなミスが致命的な「危機」を招く。そうならないためには、ありとあらゆる最悪を想定し、「危機」を未然に防ぐように事前の準備を徹底的に行なう。それでももし、「危機」が発生してしまった場合、生き残るためにどういう意志決定を下すべきか。チームを守るために非情な決断を下さなければいけない時もある。

このような「危機管理」を実践していく過程で、ある時、私は友人である一流経営者や一流アスリート、そして一流のビジネスマンたちがしていることと似ているのではないかと感じた。登山隊を率いるリーダーと、巨大プロジェクトの成功を目指して部下を率いるマネジメント層に必要とされる心構えが、ほとんど変わらないことに気がついたのだ。

そこでこれからの人生、少しでも世の中のお役に立てるように、私が山の世界で学んだ「危機管理」を知っていただこうと、講演活動などを行なうようになり、現在に至るというわけだ。

「登山は究極の危機管理」という私の主張を耳にして、「言わんとしていることはわかるが、ちょっと大げさだな」と感じる方もいらっしゃるかもしれない。確かにプロの登山家が挑むような標高八〇〇〇メートル峰という過酷な世界では、「危機管理」と呼ぶにふさわしいテクニックが必要とされるということは誰でも理解できるが、山には軽登山やハイキングという子どもや女性、そして高齢者でも気軽に楽しめる「レジャー」という側面もあるので、そこまで堅苦しく考えなくてもよいのではないか、と。

ただ、四十年以上、「山」の世界で生き抜いてきた立場から言わせていただくと、実はそのような「思い込み」こそが、最悪の事態を引き起こしてしまうのだ。

エベレストであっても、多くの観光客が日帰りで登れる低い山であっても、「山」であることには変わらない。つまり、事前準備を怠って、適切な状況判断ができなければ、深刻な「危機」に直面するという点ではまったく同じなのだ。

では、なぜそこに「違い」を感じてしまうのかというと、その「危機」がエベレストの場合は一瞬で命を失い、低い山の場合は、そこまで深刻な事態を招くケースが少ないからだ。つまり、「危機」はそこかしこに存在しているにもかかわらず、被害が小さいがゆえに、「安全」だと勘違いしてしまっているのだ。

このような「錯覚」が深刻な事態を引き起こすということは、軽登山やハイキングを楽しむ日帰り登山者が命を奪われるような「悲劇」に見舞われるケースも、たびたび発生していることからも明らかであろう。

「思い込み」の問題は、危機意識を麻痺させてしまうだけではない。むしろ、「危機の予兆」を見落としてしまうことの方が深刻だ。

四十年以上も山に登ってきた私が気づいたのは、「危機の九〇パーセント以上には予兆がある」ということである。

「虫の知らせ」「下駄の鼻緒が切れる」など、昔から悪いことが起きる前には、何かしらの「予兆」があると言われているが、やはり先人の知恵というのは偉大で、その通りなのだ。私の経験則では、本当に何の前触れもなく訪れる「危機」などせいぜい数パーセント程度で、ほとんどの危機にはそこに至るまでの「前兆」がある。

実際、私自身これまで何度もそういう体験をしてきた。何かがおかしい。嫌な予感がする。そんな「異変」を感じ取り、いち早く対策をとれたおかげで、九死に一生を得たことは一度や二度ではない。

私はこれまで山でケガを負ったことはない。八〇〇〇メートル峰に何度も挑むようなベテラン登山家になってくると、凍傷で指の一本、二本なくなっていることも珍しくないが、私は五体満足、無事である。

それは私がほかの登山家より技術や精神力が特別に秀でているからではない。「危機の予兆」

を事前に察知することで、致命的な「危機」をどうにか回避してきた結果なのだ。

そんな非科学的な話は信じられないという方もいらっしゃると思うが、この「危機の九〇パーセント以上には予兆がある」というのは、ある人物が襲われた悲劇からも窺い知ることができる。

その人物とは二〇一八年五月、八度目のエベレスト単独無酸素登頂の挑戦中に還らぬ人となってしまった登山家・栗城史多《のぶかず》氏だ。

*

はじめに断わっておくが、私は栗城氏とは面識がない。同じ無酸素登頂に挑戦している若者だということはもちろん知っていたが、残念ながらなんの接点もなかったので、会ってお話をさせていただく機会もなかった。

そのような立場の者が、その死について語るということは、ご家族や友人たちからすれば気持ちの良いことではないと重々承知しているし、私自身も大きな抵抗がある。だが、それでもここで触れさせていただくのは、彼の悲劇から学ばなくてはいけないことがあると感じるからだ。

それが何かを説明する前に、まず私が「登山家・栗城史多」という人をどう見ていたのかをちょっとお話しさせていただく。

ご存知の方も多いだろうが、彼が亡くなってから、さまざまなメディア、ジャーナリスト、そして登山家から、「あまりに無謀な挑戦だった」「なぜ周囲が止めなかった」「危険だとわかっていたが、スポンサーに配慮して中止できなかったのでは」と、まさしく死人に鞭打つような声が多く聞かれた。

理由は、登山の様子をネット中継するなど、彼独特の「スタイル」に賛否両論があることに加え、今回彼が挑戦したのが「南西壁ルート」だったことが大きい。

通常、エベレスト登頂は、ネパール側からの南東稜ルートと、中国・チベット自治区側からの北稜ルートが一般的で、ここから多くの人々がエベレスト登頂を成功させている。しかし、南西壁ルートは一九七五年に英国のダグ・スコットという著名な登山家が率いる登山隊など、数隊だけが登頂に成功している。この難攻不落のルートを栗城氏は「単独」で、しかも「無酸素」で登頂すると宣言をしていた。そのため、多くの登山家からも「無謀すぎる」という声が上がっていたのだ。

私自身も過去、エベレストで無酸素登山に挑み、七五〇〇メートル地点で雪崩に遭遇して断念したことがあるので、このような声を上げる人たちの気持ちは誰よりもよくわかっているつもりだ。が、だからといって、私は栗城氏のことを決して「無謀」だったとは思わない。

なぜかというと、彼は「プロ」だったからだ。

栗城氏は世界六位の高峰、チョ・オユーや同七位のダウラギリなど八〇〇〇メートル級の巨峰も制覇してきた。そのスタイルからいろいろな意見はあるが、「結果」を出してきたのは間違いない。こういう実績がある以上、栗城氏は紛れもなく「プロ登山家」なのだ。

スポンサーの顔色を窺って、危険なチャレンジを続けざるを得なかったなどと言う人がいるが、「プロ」がスポンサーの顔色を窺うのは当然である。そもそも登山というのは、さまざまな「制約」の中で行なうのが当たり前であり、プロだろうが、アマチュアであろうが、体調、天候などすべて一〇〇パーセントのコンディションでチャレンジできるような甘いものではないのだ。

「プロ」が自分の責任で挑むことは「無謀」とは言わない。今回は残念な結果となってしまったが、それは栗城氏が自分で選んだ道であり、それを批判する権利は誰にもない。ましてや「彼の暴走を止めるべきだった」なんて考えは、私に言わせれば大きなお世話である。

以上が、私の栗城氏の悲劇に対する基本的な考えだ。ちなみに、彼が亡くなった後、私の元にも週刊誌や情報番組などの問い合わせが多くあり、「小西さんから見て、栗城さんの挑戦は無謀ですか」「彼は登山家としてどういう評価ですか」などという意図の質問をしつこく尋ねられた。だがそれらのメディアで、私の言葉が紹介されることはなかった。彼らが望むようなコメントをしなかったからだ。

さて、少々話がずれてしまったので本題に戻ろう。私がなぜ栗城氏の事故をこの場で振り返るのかというと、「危機の九〇パーセント以上には予兆がある」ということを、これ以上ないまでに私たちに教えてくれているからだ。

悲報が伝えられてから、私は彼のネット中継映像を見直してみた。その中には、無酸素登頂の危険性を知る者としては、どうしても看過できないような「異変」があったのである。

それは亡くなる寸前の映像だ。そこで彼は頂上へアタックする意気込みを語っているのだが、その表情からは、まったく「覇気」というものが感じられなかったのである。疲れているとか、元気が足りないという話ではなく、なぜか気迫を感じなかったのだ。

これは私の感覚ではあり得ない。

先ほども申し上げたように、標高八〇〇〇メートルでは酸素が平地の三分の一なので、常に頭がボーッとして判断力も鈍る。その一方で、わずかな気の緩みが大事故に繋がる恐ろしい世界だ。

そんなデス・ゾーンへと足を踏み入れて、生きて戻ってくるには、気力、体力、集中力のすべてを出し切るぞ、という強い思いがなくてはいけないのだが、栗城氏の表情からは、そんな「覇気」が伝わってこなかった。

もしアタック寸前に私のパートナーが、栗城氏のような表情をしていたら、とてもじゃないが危なくて無酸素登頂へ踏み出すことをさせないはずだ。

もちろん、これが栗城氏の事故の真相だなどと主張するつもりは毛頭ない。実際のところ彼の身に何が起きたのかなどは、栗城氏本人以外は誰にもわからないのである。

ただ、彼が亡くなる直前、無酸素登山家でしか気づくことができない「危機の予兆」があったということも紛れもない事実なのだ。

＊

なぜ私がここまで「危機の九〇パーセント以上には予兆がある」ということを力説するのか

というと、実は「危機管理」ではこれが非常に大きな意味があるからだ。

先ほど申し上げたように、私はこの四十年、ケガをすることもなく、デス・ゾーンに挑んでも、五体満足で無事に生還を果たしてきた。

しかし、その一方で周りを見ると、多くの仲間たちが還らぬ人となっている。ある者は、地球の裏側まで続いているのではないかというくらい深いクレバスに飲み込まれた。またある者は、猛吹雪の中で忽然と姿を消してしまった。そしてある者は、私の目の前で、巨大な氷塊が飛ぶ、大雪崩に襲われてその命を亡くしてしまった。また、命を奪われずとも、さまざまなものを奪われて山から去った仲間たちも多くいる。激しい凍傷によって、手の指をほとんど失くしてしまった者や、足を失った者もいる。

では、彼らの「危機管理」が私よりも劣っていたのかというと、断じてそんなことはない。彼らは皆、山を知り尽くし、さまざまな危機を乗り越えてきた百戦錬磨のベテラン・クライマーたちだ。私と同様、入念な事前準備を行ない、ありとあらゆるシミュレーションを行ない、危機を回避するための二重、三重の備えをしていた。そして、豊富な経験に基づき、誰よりも用心深く行動をしていた。

では、それでも「危機」に飲み込まれてしまった仲間たちと、私の運命を分けたものは一体何なのだろう。「運」や「神のいたずら」という言葉で説明してしまうのはあまりに乱暴すぎる。

そこで、自分の経験を振り返り、山の仲間たちと語り合い、事故や遭難の状況を調べ、考え抜いて辿り着いた結論が、「危機の予兆」なのだ。これを察知したという、ほんのわずかな差で、私は生き残ることができたのではと考えるようになったのである。

納得がいかないという人もいるかもしれないが、「危機察知能力」のあるなしが運命を分けるのは、何も山の世界だけではない。

例えば、ビジネスマンの世界でも、優秀で仕事のできる人が成功するとは限らない。どんなに有能でも、所属するグループのボスが社内の権力争いに敗れて、冷遇されることもある。それまでは順風満帆だったのに、たまたま関わったプロジェクトが大失敗で責任を押し付けられることもある。

一方で、それほどずば抜けて仕事ができない人でも、どのグループとも敵対することなく、キャリアに大きな傷をつけることもなく、トントン拍子でピラミッドの頂点に駆け上がるケースがある。

ビジネスマンの世界では、こういう人は「世渡り上手」と揶揄《やゆ》されるかもしれないが、私たち登山家から見れば、「危機の予兆を察知して、それを巧みに回避した人」という評価になる。「組織」という山の頂を目指せば、当然、さまざまな「危機」に直面する。それは「仕事ができる」だけでは乗り切れない。山の危機管理の上からは、「世渡り上手」の方が正解なのだ。

それを象徴するのが、つい最近、東京地検特捜部に金融商品取引法違反容疑で逮捕されたカルロス・ゴーン元日産自動車会長だ。事実関係はこれから明らかになるはずだが、多くの人が疑問に感じているのは、なぜゴーン氏ほどのスーパー・ビジネスマンが、この「危機」を事前に回避できなかったのかということだろう。

だが、山に生きる私たちからすれば、これは特に驚くような話ではない。ご存知のように、日産は昨年、内部告発で完成車検査不正が明らかになっている。しかもゴーン氏は、親会社であるルノーとの事実上の吸収合併を検討していたという報道もある。登山ならば、いつ大きな事故が発生してもおかしくない「前兆」がいくつもあった。つまり、ゴーン氏はビジネスマンとしては一流だが、危機管理に関しては、そうではなかったということだ。

このように、登山の危機管理というものは、現代社会を生き抜く術と共通する部分がかなりあるのだ。

世の中には、「生きづらい」と感じる人が多くいるという。私からすれば、生きていると少なからず襲ってくる「危機」を、うまく回避するテクニックをご存知ないので、生きることが苦しく感じてしまうのではないかと思っている。

本書を書いた理由はまさにそれだ。

「危機」をどうやって乗り越えるのかお困りの方が多くいる今、私がこれまで山で学んできた「究極の危機管理」を知っていただければ、救われる方がいるのではないか。そんな思いから、筆を執った次第である。

「危機」を招くのは、「思い込み」だと先ほど申し上げたが、本書を手に取った方はまずは「山の危機管理など知ったところで、私の人生には何にも役立たない」という思い込みを捨てていただきたい。そうすれば、これからあなたの人生に幾度となく訪れる「危機」を乗り越えるためのヒントが見えてくる。

先の見えない時代を生き抜くため、本書が少しでもお役に立つことを心より願って……。

第一章

「悪魔」は「ゴール」の近くに潜んでいる

CHAPTER 1

CASE

1

八ヶ岳　登山者転落事故

「危機」の予兆は必ずある

ビジネスマンや経営者の中でも未だに愛読される『孫子』の兵法。その中に「彼を知り己を知れば百戦して殆うからず」という有名な一節がある。

敵についても自分についてもよく知れば、何度戦っても負けることはないという意味で、戦い前の「情報収集」の大切さを説いている。

実はこれは「危機管理」という、「危機を回避して生き残る戦い」にも当てはまる。自分自身についてはもちろんだが、「危機」という敵についてもよく知らないことには、勝利はないのだ。

では、「危機」とは何か。どういうところに潜んでいるものか。まずはそれを皆さんに理解していただきたいのだが、そこでも実は山の世界がうってつけなのだ。といって、いきなり標高八〇〇〇メートル峰の「危機」から語り始めても、あまりにも皆さんの日常生活とかけ離れて、いまいちピンとこないだろう。そこで、より多くの人がイメージしやすいシチュエーションから話を進めていこう。

今から十数年前、ある団体が主催する登山教室で、長野県の八ヶ岳に登ったことがある。参加者は五十人ほどで登山ガイドは七、八人。つまりガイド一人で六人程度を率いるグループ編成で、私は特別講師として呼ばれて参加したのである。

天候に恵まれたこともあり、一行は順調に進んでいた。とはいえ、参加者の多くはアマチュア登山者なので、出発から数時間経過して徐々に疲労の色も見えていた。

事件は、あるグループが下山中に五〇メートルほどの岩場へと辿り着いた時に起きた。ガイドの指導を受けながら、一人ずつ足元を確認して岩場を下っていく。その様子を先に下りた私は下から眺めていたのだが、五十代くらいの男性の順番になった時に「あれは落ちるな」と確信した。

慌てて注意を促すよう声を上げようとしたまさにその瞬間、その登山者が滑落した。岩場から転落したのである。

＊

幸いにも、この男性は十数メートル落ちて止まり、軽傷で済んだ。

落ちた先が草付きの緩い斜面だったことなど、いくつかの幸運が重なったのである。もし転落したところがほんの数メートルずれていたら、その下には涸れた滝があって、さらにその下は数百メートル以上のきつい傾斜の岩場があったのである。まず助からなかっただろう。

さて、ここまで話を聞いた皆さんは、私がこの男性の「危機」を察知できた理由は何だと思われただろうか。

プロの目から見て、男性が岩場を下る姿がかなり危なっかしく感じたからではないか。あるいは、プロにしかわからないような決定的なミスを犯していたのではないか。いろいろな考えがあるかもしれないが、答えはそういう表面的なものではない。私がこの男性の転落を確信したのは、岩場を下っている最中に彼が発した次の言葉だ。

「もう少しで樹林帯だ」

この岩場を下ると樹林帯があり、先に到着していた私たちが休んでいた。五十人規模のグループが休むにはうってつけの場所なので、そこで休憩することが決まっていたのだ。

そう言うと、勘のいい方はもうお気づきだろう。この男性は休憩ポイントが目前に迫ったことで、気が緩んでいたのである。その緩んだ精神状態をこれ以上ないほどわかりやすく表現したのが先ほどの言葉なのだ。断崖絶壁であれ、今回のような岩場であれ、少しでも足を踏み外すような状況で、このような「気の緩み」が「危機」だということは言わずもがなだろう。気の緩みは、ちょっとした「手足の緩み」に繋がる恐れがあるからだ。そして山ではちょっとしたミスが、死に直結するのはよくあることなのだ。

＊

そして、もうひとつ私が「危機」だと確信をした理由は、この男性の「気の緩み」が「目標」の間近に迫ったところで発生したということだ。

私たちのような登山家は、山の世界で幾度となく「危機」に直面してきたので、どういう場面で事故が起きるのかということを身にしみてわかっている。

さっきまで普通に会話をしていた仲間が、一瞬で視界から消えて、奈落の底へと落下する。それは往々にして、安全地帯に入る直前のことが多い。

「あと少し」「もうそこまで」——。このようにゴールや目標が間近に迫った時、人は緊張が緩む。体はゴールをしていないのに、頭ではほぼゴールをしたような錯覚に陥る。このような体と頭の認識ギャップが生じれば、判断力や運動能力にも支障をきたすというのは容易に想像できよう。

もっと言ってしまうと、この男性には「危機の予兆」が見えていた。岩場を下りる前から、「もう少しだ」「ここを下れば、あとは樹林帯だ」などと盛んに言っていたのである。この段階ですでに私の中では「この人、ちょっと危ないな」と感じていた。こんな気の緩んだ感じでは、どこかで事故を起こすかもしれない、と。

その嫌な予感が的中してしまったのが、岩場からの転落だったのだ。

「気の緩み」が事故を引き起こす

このような話を聞くと、「気の緩み」が事故を引き起こすというのはわかるが、「あと少しで休める」と口にしただけで「危機」を招くというのは、いささか極論すぎるのではないかという人もいるだろう。

この男性のように言葉としては発しなかったものの、「あと少しで休める」と思いながら岩場を下りた人もたくさんいたのではないか。そう考える人もいるかもしれない。

だが、私から言わせれば、それは大きな勘違いである。

そのような「気の緩み」を抱えたままで山に登っている方は、自身で気づいていないだけで、大小のさまざまな「危機」を引き起こしている。だが、それが例えば「捻挫」や「すり傷」や「転倒」などで済んでいるので、「大したことがなかった」と錯覚をしているにすぎないのだ。

山の世界に限らず、「気の緩み」というものは確実に「危機」を引き起こすが、その「危機」の被害程度が小さかったりする場合は、そこまで深刻なものではないと錯覚させてしまうのだ。

どういうことか理解していただくには、ビジネスの世界を例にとるとわかりやすいだろう。

例えば、取引先に製品を納入したところ、最終チェックを怠っていたばかりに不具合を発生させてしまったとか、商談がまとまる最後の最後に、余計なひと言を言ってしまい、パートナーに不信感を抱かせてしまったなど、「ゴール」直前に致命的なミスを犯してしまったというケースは、どのような業界でもよく耳にするのではないだろうか。

私も現在、経営者などを対象にした「社長塾」という勉強会を主催しているのだが、そこで多く耳にするのは、「最後のツメが甘いのはどうすれば直せますか」とか「部下がよくつまらないミスをするのですが、どう指導をすればいいでしょうか」という相談なのだ。

つまり、ビジネスマンの世界では、ゴールや目標を目前にしたところでの「気の緩み」が引き起こす「ミス」が日常的に発生しているということである。

だが実は、これは本当に「ミス」なのかという大きな問題がある。例えば、これがもしも何百人も乗せた公共交通機関でやってしまったらどうだろう。運行前の最終チェックでツメが甘かったり、ついうっかりして部品をひとつ取り付けるのを忘れてしまったら、これはとても「ミス」などという言葉で済まされる話ではない。

このことからわかるのは、「被害」の程度によって、片方は「よくあるケアレス・ミス」、もう片方は「決して許されることのない過ち」と、まったく違う種類の問題かのように大きな差が出てしまうということだ。

確かに、世間の見方からすれば、ツメの甘いビジネスマンが商談前で見せたしくじりと、公共交通機関の点検を行なう作業員のチェック漏れは決して同列ではないだろう。だが、「危機管理」というものの本質からみれば、この両者にはほとんど差がない。

それは、ゴールや目標を目前にしたところでの「気の緩み」が招いた「危機」ということだ。

この「危機」はビジネスマンの世界の場合、たまたま人命に関わるものではなかった。だが、公共交通機関の場合はそうはいかず、甚大な被害につながった。「危機」の「結果」が違うので、何となく別のものだと錯覚しているだけなのである。

＊

先ほどの岩場からの転落事故もこれとまったく同じだ。岩場から転落した男性と、「もう少しで休める」と思いながら岩場を下りた他の登山者との間に大きな違いはない。彼らはともに「危機」を引き起こしていたことには変わりないのだが、たまたま一方が、足を踏み外して転落し、たまたま一方は安全地帯に辿り着いたという「結果」が少し違っていただけなのだ。もう少し岩場が長く続いたり、下りる順番が違っていたら、転落していたのは「もう少しで樹林帯だ」と思いながら岩場を下っていた別の人だったのかもしれないのである。

この場面では何も問題がなかったとしても、「あと少しだ」「もう少しで樹林帯だ」というような考え方が習慣になるのは、遅かれ早かれ深刻な「危機」を招く。「脳トレ」という言葉もあるように、脳も筋肉と同様に鍛えれば鍛えるほど研ぎ澄まされていく。脳によって行なわれる「考え方」もこれとまったく同じで、いつも同じような考え方をすることが習慣化してしまうと、それが「クセ」として定着してしまう。

つまり、このようにゴールや目標の目前で「もう少しで安全地帯だ」という考え方にとらわれてしまう人というのは、それが「脳のクセ」になってしまっているので、どのような局面でも「あと少しで終わりだ」「もうちょっとで休める」というような考え方が習慣になってしまうのだ。

それは言い換えると、「気の緩み」が習慣化するということでもある。このような人が登山をすれば、事故を引き起こすだけではなく、最悪の事態にまで発展してしまう恐れがあるのは言うまでもあるまい。

これが私が、「あと少しで安全地帯だ」と思いながら岩場を下りた人たちも、危機管理の上からは転落した男性とそれほど大きな違いがないと断言する最大の理由だ。

ずいぶんと細かい点で厳しいじゃないかと思う方も少なくないだろう。ただ、この細かい点にどれほど集中できるか否かが、「危機管理」においては生死を分けることになるのだ。

なぜそのように自信を持って断言できるのかというと、ほかでもないこの私が、そのような「気の緩み」によって、命を奪われかけたという実体験があるからだ。

CASE

2

パキスタン・ブロード・ピーク クレバス落下事故

「安心感」が、危機管理を鈍らせる

一九九一年、私はパキスタンのカラコルム山脈にあるブロード・ピークという山に挑んだ。標高八〇四七メートル、世界で十二番目の高さを誇るこの山は、世界第二位のK2とわずか八キロしか離れていないことから、「K3」などと呼ばれたこともある。「幅のある峰」というその名が示すように、この山の特徴はとにかく山頂が広く、幅が一・五キロもある。これまで世界の登山家たちが多く挑んできた名峰である。

そんなブロード・ピークに私たちは総勢八人で挑んだ。途中で一人が滑落によって首を痛めて、隊長とヘリで下山をしてしまったものの、残されたメンバーで見事に登頂に成功した。これが私にとって「十四座八〇〇〇メートル峰無酸素登頂」の二座目に当たる。

事件はそのアタックに成功をした後に起きた。頂上に辿り着くまでに予想以上に多くの時間がかかってしまったおかげで、私たちが七四〇〇メートル地点に構えた最終キャンプのあたりに戻るころには、もう陽が沈みかけていた。

パーティは皆、疲労困憊で足取りも重く、這いつくばるように下山をしていた。冒頭で申し上げたように、標高八〇〇〇メートルというのは平地の三分の一しか酸素がない「デス・ゾーン」。頭は酸欠で常にボーッとして、体は鉛のように重くなる。足を一歩進めるだけでも大変な努力を必要とし、一瞬たりとも気を抜くと命取りになる。

今思い出すだけでも、あの時の苦しさが蘇りそうなほど厳しい環境だった。

そんな「極限状態」の中で、ようやく命からがら七四〇〇メートル付近まで下山してきたのである。最終キャンプが見えてきた時、私は心底ホッとした。そして、心の中で思った。「あそこまで戻れば」――。

だが、その数秒後、私の視界からキャンプの姿が消える。ヒドン・クレバスへ転落してしまったのである。

＊

山に詳しくない方のために説明をすると、ヒドン・クレバスというのは、雪に覆われて、裂け目があることがわからなくなっているクレバスのことだ。

何の変哲もない雪原だと思って歩いていると、まるで罠の落とし穴のように飲み込まれてしまうのだ。と言っても、その深さは落とし穴というレベルではない。氷河や雪渓にある深い裂け目、クレバスの深さは数十メートルから、深いものになると数百メートルにも及ぶ。まさしく、一度落ちたら這い上がることのできない奈落の底だ。

実際、このヒドン・クレバスは多くの登山家を飲み込んできた。後ほど登場するが、私も親しい仲間たちをこの深い裂け目に奪われてきた。

では、そんなヒドン・クレバスへ飲み込まれて、私はなぜ無事だったのか。これはあまりにもはっきりと言うと身も蓋もないのだが、「運が良かった」のだ。

私が落ちたクレバスは割れ目の幅が狭かった。さらにいきなり奈落の底まで続くような垂直落下型のものではなく、まず滑り台くらいの斜面が数メートルほど続き、そこから真下へと落ち込むという、アリ地獄というか、すり鉢状のクレバスだったのだ。

そのため私の体は、割れ目付近で引っ掛かってなんとか止まっていたのだ。

状況を理解した私は、まず自力で脱力を試みようと、クレバスの縁に手をかけて這い上がろうとした。その途端、縁の雪がグサグサと崩れ、とても私を支えられるような感じではなかった。これではヒドン・クレバスを覆っていた雪と同様に、ちょっと大きな力をかけると崩れ落ちて、その雪ごと私をクレバスの底へと落としてしまう恐れがある。

仕方なく私は、アタックで奪われた体力の最後の力を振り絞って、キャンプに残っているメンバーの名前を叫んだ。「オーイ、オーイ」。数分後、私の声に気づいてくれた仲間に、クレバスがあること、割れ目の入口付近でどうにか踏みとどまっている旨を伝えた。

最終的に仲間の差し出したピッケルにつかまって、引き上げてもらったのである。

＊

以上が、私のヒドン・クレバス転落事故の顚末である。

先ほど申し上げた通り、この目に見えない裂け目に、これまで多くの登山家たちの命が吸い込まれた事実を踏まえれば、この程度で済んだというのは幸運以外の何物でもない。これまで山の世界で、数多くの「危機」を経験してきたが、その中でもこれは最悪の結果を招きかねなかった、極めて深刻なケースだ。

さて、そこで皆さんが気になるのは、私がなぜこのような「危機」を引き起こしてしまったのかということだろう。

雪で覆われて見えないクレバスは避けることができない。たまたま運が悪かっただけではないか。そんなふうに思ってくれる方がいるかもしれないが、この「危機」は一〇〇パーセント私自身が引き起こしたものである。自業自得。落ちるべくして、落ちたと言ってもいい。

では、私のいったい何が「危機」を引き起こしてしまったのかというと、ほかでもない「気の緩み」である。

転落する直前、最終キャンプが見えてきたことで不覚にも「あそこまで戻れば」と気が抜けて、登山家としてあり得ないミスをしてしまう。「トレース」から外れてしまったのだ。

ご存知のない方のために説明すると、トレースとは先行する人が雪を踏み固めた足跡のことで、後続の人はこれを辿っていくことで、ルートから外れて遭難することや、滑落、ヒドン・クレバスへの転落などさまざまな危険を回避することができる。トレースを辿ることは、登山家にとって基本なのだ。

そんな明らかに危険なことを、なぜ私がやってしまったのか。標高八〇〇〇メートルというデス・ゾーンへのチャレンジで心身が疲弊し切っていた。ここに至るまでの疲労や睡眠不足が積み重なって、正常な状況判断ができなかった。言い訳をしようと思えばいくらでも並べることができるが、やはり大きいのはこのひと言に尽きる。
最終キャンプが見えた「安心感」である。

「気の緩み」によって起きる「あり得ない」こと

先ほども申し上げたように、このアタックを行なった際、私たちは疲れ切っていた。どれほど疲労困憊していたかというと、パーティの一人が下山の時、ロープを使って下降をしている際に、そのまま居眠りをしてしまうほどだった。しかも、急な雪の斜面に座ってそのままイビキをかいて寝ている者を、ほかのメンバーも起こすことなく素通りしてしまうほど疲れ切っていた。

よくドラマなどで吹雪の雪山で遭難した人が、「寝たら死ぬぞ！」と励ます姿を見ることが多いので、皆さんからすれば、標高八〇〇〇メートル峰の登山中に居眠りなど「あり得ない」と思うだろう。だが、人智を超えたデス・ゾーンでは、時としてそんな「あり得ない」ことが起きるものなのだ。

いずれにしても、この時の私たちはボロボロに疲れ切っていた。だから、最終キャンプが見えた時は「助かった」と本当に嬉しかった。これで横になって体を休めることができる。そんな思いでいっぱいだったのだ。

だが、今思えば、それがまずかった。

最終キャンプまで直線であと三〇～四〇メートルと迫ったところで、これまで辿ってきたトレースが大きく右に迂回していた。ヘアピンカーブというか、ぐるりと回り込んでから再び直線のルートに戻るような感じでトレースが続いていたのだ。

往路でそのようなルートを辿ったから当然なのだが、疲労がピークとなって一秒でも早く最終キャンプに戻って、体を休めたい私からすれば、これは非常にもどかしかった。トレースを辿ればぐるっと大回りをしなくてはいけないのだが、このまま真っ直ぐ歩いて三、四メートルほど行けば、最終キャンプの目と鼻の先というところのトレースまでショートカットできてしまうからだ。

あと少しだ。もうちょっとで最終キャンプで休息を取ることができる――。気がつくと、私はトレースから外れて、誰も踏み込んでいない雪原に足を踏み入れていた。そして、「あっ」と足元の異変を感じた瞬間、ヒドン・クレバスに飲み込まれていたのである。

＊

この「危機」が、最終キャンプを目前にした私の「気の緩み」が招いてしまったものだということが、よくわかっていただけたと思う。

先ほど紹介した、八ヶ岳で「もう少しで休めるぞ」と口にしながら岩場を下っていた男性の転落を、私が予見できたのは、実はこの自分自身の苦い経験によるものなのだ。

ゴールや休憩地点に心を奪われて、「あそこまで行けば休める」「もう少しだ」ということで頭がいっぱいになると、私がショートカットをしてしまったような「平時だったらまずやらないような動き」をしてしまう。曲がりなりにも、プロの登山家として一般の人よりも「危機管理」をかなり心がけていた私でさえ、この落とし穴にハマってしまうことがあるのだ。

登山の初級者であれば、深刻な「危機」を引き起こす可能性はかなり高い。ましてや、あの男性は岩場を下りながら、「樹林帯まで下りれば休めるぞ」というような言葉まで口にしていたのである。これは心も体も完全に「安全地帯」に心を奪われてしまっている状態だ。平時ならばあり得ないような、動きをする可能性もある。

これが、私が男性を見て「危ない」と感じた理由である。

では、このようなゴールや目標を目前にしたところでの「気の緩み」はどうすれば防ぐことができるのか。

ブロード・ピークから下山して帰国してからというもの、私はなぜ自分があのような行動を取ってしまったのか、どうすればこのような「危機」を回避できるのか、徹底的に検証とシミュレーションを繰り返した。先ほども申し上げたように「危機管理」というのは、敵である「危機」を知るところから始まる。そして、他の八〇〇〇メートル峰の挑戦を繰り返していくうちに、このような「気の緩み」を回避するひとつの答えに辿り着いた。

それは「集中」だ。

「集中」と「執着」のせめぎ合い

クレバスに転落した私と、岩場から転落した男性の共通点は、「休憩場所に心を奪われている」ということである。

最終キャンプに心を奪われてしまっていたから、私はトレースから外れるという、あり得ない行動に出た。岩場の下にある安全地帯に心を奪われていたから、男性は自分の足元に注意を払うことなく、足を踏み外してしまった。

心を奪われたことがすべての原因なのだ。ということは、心を奪われなければいい。つまり、しっかりと「集中」をすればいいのである。

これは言葉にすると、すごく簡単なことのような印象を受けてしまうが、実は非常に難しい。何か物事に集中をしろというと、その物事のことばかりを考えることだと勘違いをしてしまう人が多いが、これはまさしく私や男性が休憩場所に心を奪われたこととまったく同じである。

最終キャンプへ辿り着きたい。岩場の下にある樹林帯に着いてひと息つきたい。人間ならば、少しくらいこのような考えが頭をよぎってしまうことは仕方ないと思うだろうが、これは「集中」ができていないからこそ陥ってしまう精神状態である。頭の中をそのことばかりが占めてしまうということは、その物事に対して「執着」をしているということだ。それは言い換えれば、心を奪われて自分を見失っているという状態である。つまり、「集中」できていないということなのだ。

「集中」と「執着」は、似て異なるものである。「集中」とは心が自由な状態、「執着」とは心が不自由な状態なのだ。

目標を持つなと言っているわけではない。ゴールや目標は人間を突き動かす上で必要不可欠なものであり、それを目指してモチベーションを上げていく、気力を振り絞るということも決して悪いことではない。だが、その目標に「執着」をしてはいけない、と申し上げているのだ。

＊

目標を目指して生きながらも、心は常に自分の中心に置いておく。そうすれば、目標に心が決して引っ張られることはない。つまり、心を奪われることがないのだ。

私のケースでいえば、どんなに疲労で体がボロボロになっていても、「最終キャンプに戻る」ということに「集中」し続けていれば、決してトレースから外れるようなことはしなかっただろう。「最終キャンプに戻る」という目的の達成のため、死力を振り絞って、一歩、一歩を踏みしめながら安全を確認していたはずだ。

しかしあの時、私はこのような「集中」ではなく、「最終キャンプに戻る」ということに「執着」をしてしまった。だから、「最終キャンプに戻る」ということが何をおいても優先されるような思考となってしまい、「自分」というものを見失ってしまったのである。

これは八ヶ岳で転落した男性もまったく同じだ。心も身体も辛くなって、岩場の下にある樹林帯での休憩を目標とするところまでは問題はないが、もしそうであれば彼は「樹林帯」という目的に向かって「集中」をしなければいけなかったのである。

そもそも岩場は、注意深く下らなくてはいけないことは言うまでもない。「集中」すればするほど、その立ち居振る舞いは慎重になっていたはずだ。しかし、現実には男性は「もう少しで休めるぞ」という言葉を発するなど、「樹林帯」ということに「執着」が見られた。目的に心を奪われていたのである。

「集中」と「執着」を取り違えてしまったことによって引き起こされる「危機」の構造が何となく見えてきたと思うが、ここで私が強調をしておきたいのは、これは何も「登山」の世界に限定しただけの話ではないということだ。

山の「危機管理」が現代社会のあらゆるシチュエーションに当てはまるように、「集中」と「執着」を取り違えたことによって引き起こされる「危機」は、さまざまな業界、組織の中にも散見されている。

納期というゴールへの「執着」

例えば、二〇一七年十月に発覚した、神戸製鋼の「データ改ざん」などはその典型だ。

ご存知のように、この名門企業では、銅製品などの品質検査データを現場の技術者が改ざんして出荷することが日常的に行なわれていたという。こうした不正行為は、一九七〇年代から続いていたという。

なぜこのようなことが起きたのだろうか。私は鉄鋼業界の専門家ではないので、細かい内情についてはわからない。だが、「危機のプロ」としてこのような組織を見れば、これらの不正が「集中」と「執着」を取り違えたことによって起きたということだけは容易にわかる。

第三者調査委員会の最終報告書では、現場の不正がここまで組織的かつ継続的に行なわれた要因のひとつを、以下のように述べている。

「受注の獲得と納期の達成を至上命題とする風土」

どのような仕事であってもスケジュールは絶対だ。納期というゴールに向かってチームが力を集結していく。だが、その納期というゴールに執着をしてしまうと、そこへ心が奪われる。つまり、自分を見失ってしまうのだ。

神戸製鋼の高い技術力を支える現場の技術者たちが、なぜ自分たちの誇りを踏みにじるような「データ改ざん」に手を染めたのかと多くの専門家が首を傾げているが、山の世界、デス・ゾーンなどで、ありとあらゆる「危機」に直面してきた私からすれば、なんの不思議もないというよりも、むしろ納得の結果である。

自分を見失った技術者は、ゴールすることが世界のすべてになってしまうので、プロ登山家がトレースから外れて、何もない雪原に足を踏み入れるように、平時の感覚では「あり得ない」行動を取ってしまう。それが神戸製鋼の技術者たちからすれば、「品質データの改ざん」だったというだけの話なのである。

*

神戸製鋼という組織が、目標やゴールを目前にした「心の緩み」から、「集中」ではなくて「執着」へと走ってしまったことを示す例は、ほかにも枚挙にいとまがない。

品質データの改ざん問題が報じられてから、過去の改ざんにも注目が集まった。二〇〇六年五月に同社が発表した、「煤煙測定データ」の改ざんもそのひとつだ。

神戸、加古川の二製鉄所から排出していた煤煙が、大気汚染防止法の基準値を超える窒素酸化物（NOx）や硫黄酸化物（SOx）が含まれていることを知りながらも、地元自治体に報告する測定記録を書き換えていたのだ。

製品の品質データの改ざんで顧客を裏切り、製鉄所の周辺環境データの改ざんで、地域の住民を裏切っていたわけだ。同社の改ざん体質について、だまされた自治体のひとつである加古川市の市長を三期十二年務めた樽本庄一《たるもとしょういち》氏が、以下のように述べている。

「神鋼はすぐに裏街道を探して、近道を走ろうとする。それが体質ではないか」（ロイター二〇一七年十月三十一日）

神戸製鋼という組織を間近に見てきたこの前市長の言葉は、本質を見事に突いている。ゴールに心を奪われている者は、とにかくすぐにショートカットを目指す。もっと手っ取り早く、もっと効率よく、ゴールに辿り着こうと考える。そこに「心の緩み」が生じて自分を見失ってしまうのだ。

この「落とし穴」は、ゴールや目的を掲げて生きているすべての現代人に通用する。

名門企業であろうが、プロ登山家であろうが、ゴールや目的に心を奪われて、自分自身を見失ってしまうと、普段では「あり得ない」行動を取って自滅の道を辿る。

つまり、実は世間一般で言われる「危機」というものの多くは、その組織、その人物の心が引き起こしているケースがほとんどなのだ。私の経験則では、「危機」の九〇パーセント以上が「心」に起因するものなのだ。

この真理から「危機管理」の真髄が何となくわかっていただけることだろう。よく「危機管理」というと、マニュアルを整備したり、緊急時の行動の取り決めなどのことだと思われているが、それはまったく本筋ではないのだ。

「危機」を引き起こす「心」の暴走を抑えて、「自分」を失わず「集中」をさせられるか、言うなれば「危機管理」というのは、「心のマネジメント」の術を体系化したものなのである。

そのあたりを踏まえた上で、次章ではさらに「心」の暴走を制御する方法を紹介していきたい。

第二章

「焦り」と「驕り」を支配せよ

CHAPTER

2

CASE

3

パキスタン・ブロード・ピーク　雪庇崩落事故

「焦り」から生まれた雪庇の崩落

「危機管理」とは、実は「心のマネジメント」が最も重要である。私がそのような結論に至ったのは、先ほどクレバスに転落したブロード・ピークでの経験が非常に大きい。

実は私はこの山でもうひとつ、九死に一生ともいうべき体験をしている。そして、その「危機」を引き起こしたのは、ほかでもない私自身の「心」だったからだ。

その出来事が起きたのはクレバス転落と同様、頂上へのアタックを試みている時のことだった。

この日、標高七八〇〇メートル付近まで辿り着いたものの、急な天候悪化によってそれ以上、上へ登ることは断念せざるを得なくなっていた。ここまで来たら、どうにか頂上を目指したいというのは、登山家ならば誰もが思うところだが、八〇〇〇メートル峰の無酸素登頂では、わずかな状況判断の誤りが「死」を招く。吹雪が吹き荒れて視界もおぼつかなくなってきたこの状況でアタックを続ければ、どんな「危機」が引き起こされるかわからない。「諦める」ということも、「危機管理」のひとつなのだ。

こうして私たちは、後ろ髪を引かれる思いで最終キャンプへ引き返すこととなったわけだが、その下山中で最後尾についていた私は、ほかのメンバーから遅れてしまったのである。雪が降り積もった雪稜を一歩、また一歩と注意を払いながら歩いていくうち、前を行く仲間たちの背中が視界から消えてしまったのだ。

吹雪で思いのほか視界が悪かったこともある。また、登りで置いておいた装備を回収して遅れたということもある。

いずれにせよ、体調不良などのアクシデントでもないのに、パーティから遅れてしまうのはよろしくない。遭難の危険もあるし、ルートを見失うこともある。そこで私は、進むピッチを少し上げた。そして、二歩、三歩と進んでいったところで、信じられないことが起きた。

私の立っていたところから二メートルほど先に進んだ稜線が、地鳴りのような音を立てて崩れ落ちたのである。

＊

雪の巨大な塊は、絶壁を落ちていく。二〇〇〇メートル下までは落ちたのではないか。その轟音に背筋が凍りつき、恐怖がこみ上げてくる。やばかった。今のは本当に危なかった——。もし私があと三歩、いや二歩先に進んでいたら、あの崩落に巻き込まれていたはずだ。そうなれば、ひとたまりもない。数千メートルも落ちて五体はバラバラ、遺体すら見つからないかもしれない。

崩落した場所から後ずさりをして、しばらく呆然としたものの、すぐに冷静に状況を把握しようと務めた。山に詳しい方ならば説明の必要はないだろうが、これは「雪庇」の崩落である。私たちが進んでいた雪稜というものは、山肌の上に雪が降り積もってできたものであることは説明の必要もないだろう。その雪がさらに降り積もっていけば、雪は風の影響で、山稜から「ひさし」のようにせり出していく。それが雪庇だ。

この雪庇というものは時折、重みに耐えかねて崩落する。三角屋根の家屋に大雪が降り積もっていくと、せり出した雪が時折、ドスンと下に落ちるのと同じ原理だ。そんな「雪庇崩落」

が私の進行方向で発生したということは、私の雪を踏む振動によって、雪庇に亀裂が生じ、「ひさし」側の重さに耐えかねて亀裂からゴッソリと持っていかれたということなのだろう。

これがもし私の進むスピードがあと少し早かったら、もし私の背後で亀裂が生じていたら……、考えただけでもゾッとするような話である。

さて皆さんは、この私が遭遇した雪庇崩落を聞いてどう思われただろうか。標高八〇〇〇メートル峰などの世界では何が起きるのか予想できないものだと感じた方もいれば、ほんの数歩の差で死から逃れた私の強運ぶりに驚かれたという方もいるかもしれない。

だが、実は偶然や運はあまり関係がない。この雪庇崩落もたまたま起きたのではなく、私自身の「心」のマネジメントがうまくいかなかったことによって、起こるべくして起きた「危機」なのだ。

*

どういうことかをわかっていただくため、時計の針を戻して、雪庇が崩落する直前の私が置かれていた詳しい状況と、この時の精神状態を振り返っておこう。

先ほども申し上げたように、この雪稜で最後尾を進んでいた私は仲間たちから遅れをとってしまい、彼らの背中が見えなくなってきていたので、追いつかなければ遭難の危険も高まる。ピッチを少し上げなくてはいけない状況だった。

だが、そこで実は「危機の芽」が発生していた。前方を行く仲間たちが踏んだトレースを見失っていたのだ。正確には、大きな岩場を迂回して右に回っていくルートと、左に回っていくルートに枝分かれしていて、どちらが仲間たちが進んだルートかわからなくなっていたのだ。どちらかはつい先ほど、仲間たちが踏んだところなのだが、吹雪によってすでにその痕跡がわからなくなってしまっていたからである。

右か、いや左か——。その場でしばし立ち尽くし悩んだ私は、右回りのルートに向かって踏み出しはじめた。そして、二歩、三歩と進んでいったところで、あの雪庇崩落が目の前で起きたというわけだ。

では、なぜこの時、私は右回りを選んだのかというと、「なんとなく」である。確たる根拠もなければ、熟慮を重ねた末でもなく、「とりあえず、こっちに行ってみるか」というようなノリである。標高八〇〇〇メートルでこのような軽率な行動が「死」に直結することは言うまでもない。ではどうすべきなのかというと、本来ならば、まずはとにかく落ち着くことだ。トレースを見失った時点で、すぐに動かない。まずは立ち止まって周囲を注意深く観察して、これまで辿ってきたトレースを確認するなどした上で慎重に動かなくてはいけない。つまり、迷った時にこそ「沈着さ」が求められるのだ。

そのような危機管理の鉄則がありながらも、なぜこの時の私は「とりあえず進むか」という軽率な行動をしてしまったのか。この時の精神状態を自分自身で振り返ってみると、「焦り」という言葉に集約される。

「道迷い」に多い判断ミス

この時の私は「とにかく早くみんなに追いつかなくては」ということで頭がいっぱいだった。「急いで追いつかなくては」いけないと、ほんの少しではあるのだが「焦り」にとらわれてしまっていた。

わずかでも「焦り」にとらわれた私は、本来ならばもっと慎重に動いているような場面であっても、とにかく進んでみるという軽率な行動をしてしまった。つまり、わずかな「焦り」が判断ミスを引き起こしたのだ。

このことからもわかるように、「焦り」というものが実は山においては最も抱いてはいけない感情なのだ。

人というものは、焦ってしまうと、自分自身やその周辺の些細な異変を見逃してしまうので、ミスをする確率が高くなる。つまり、滑落などアクシデントを起こす危険性が格段に上がる。

また、焦りが恐ろしいのは、「じっとする」ということができないことだ。登山の場合、進むべき方向を見失った時は、とにかく落ち着くことが大切である。そして、これまで歩いてきた道に戻って、地図や目印となるものでちゃんと確認できるポイントまで引き返してみるということが大原則である。しかし、焦ってしまうと、この大原則がゴッソリと頭から抜け落ちてしまう。「とにかく上へ上へと進めば、見晴らしもよくなって方角がわかるはずだ」「沢に下りて、沢沿いに歩けば麓に行くはずだ」などという考えが頭を占めて、じっとしていられない。そこで動き回って、さらに道に迷ってしまうという遭難パターンが近年、非常に増えている。

警察庁の山岳遭難事故統計によると、山で「道迷い」をした人は一九九一年に二一九人だったが、二〇一六年には一一一六人に急増。遭難事故全体に占める道迷いの割合も三八パーセントと、およそ四割近くの遭難者が「道迷い」したという現実がある。

では、なぜこんなにも「道迷い」の被害が増えているのかというと、登山道や標識の整備というインフラの問題もさることながら、私に言わせれば、登山者の「心」のマネジメントが不十分だからだ。

＊

それを窺わせるデータがある。ヤマケイ・オンラインが二〇一六年に九四九名の登山者を対象に行なった意識調査だ。ここではまず、六四パーセントが「下山」の途中に「道迷い」をしたことが明らかになっている。これはプロ登山家からすれば常識なのだが、ほとんどの事故は下山中に起きる。

「登山」というくらいなので、登山者は山の頂上に向かう時は気が張っている。しかし、頂上をゴールに設定してしまうと、それを達成した後は、どうしても気が抜ける。前章で紹介したように、「気の緩み」が生じてしまうので、状況判断のミスが起きるのはもちろん、心と体のバランスが崩れて、転倒などアクシデントの危険性が格段に上がるのだ。

この状態をさらに悪化させるのが「焦り」だ。登頂という目的を達成したので、どうしても危険地帯から安全地帯に早く戻りたいという気持ちが湧いてくる。それが自分でも気づかぬうちに「早く、もっと早く」と心の中に「焦り」を芽生えさせてしまう。この「心」の乱れが、「道迷い」や事故を引き起こしているのだ。

こじつけだと思うかもしれないが、先ほどの登山者への意識調査もそれを雄弁に語っている。「道迷い」の理由について分析すると、確かに「道が不明瞭」が三割を占めているのだが、そこへ続く理由をみると、「分かれ道で迷った」（一九パーセント）、「不注意」（一二パーセント）、「ルート方向など誤認識」（一一パーセント）など四二パーセントが、登山者自身の「心」が引き起こしたヒューマン・エラーと言ってもいいものだ。

「道迷い」というのは、そのまま自力で登山道に戻ったり麓に下りてきたりして対処することで深刻な被害をもたらさないこともある一方で、大きな「危機」の引き金になってしまうケースも多い。道に迷って疲労が重なったところでバランスを崩して滑落したり、道に迷った焦りから沢に下りようとして、岩場で転倒したりしてしまうからだ。

これらの「危機」は、そもそも「道迷い」しなければ防げたことは言うまでもない。そして、「道迷い」の四割以上は、登山者の「心」が引き起こしているのだ。この現実を踏まえれば、山の事故というものが、かなりの割合で、登山者の「焦り」に起因しているということがわかっていただけるのではないだろうか。

「焦り」を制御する心

事実、私の雪庇崩落も「ルートの迷い」がなければ、そもそも発生しなかった。もし私があの雪庇とともに二〇〇〇メートル下に落下して還らぬ人となっていたら、おそらく仲間たちによって、「登山家・小西浩文は、ブロード・ピークの七八〇〇メートル地点で雪庇崩落に巻き込まれて亡くなった」というふうに、登山史に書き込まれていたことだろう。

外形的には確かにそうかもしれない。だが、本質的なところでは今お話をしたように、きっかけは「ルートの迷い」であって、これは私の「焦り」によって引き起こされたものだ。

雪庇崩落はあくまで結果に過ぎない。この結果は、私の「ルートの迷い」が引き金となっているという動かしがたい事実である。では、そこでなぜ「ルートの迷い」が起きたのかと考えていくと、すべては私の「焦り」によって引き起こされたのだ。

つまり、私を死に至らしめたのは、実は「大自然の脅威」や「不運」などではなく、迷った時にこそ沈着にという登山家としての危機管理――、心のマネジメントに失敗してしまったことにあるのだ。

これは山の世界だけに限らず、世に溢れる事故の多くに当てはまる。一見すると、「不運な事故」「魔が差した」「タイミングが悪かった」というような事故が、実はそのはるか前段にある「焦り」によって引き起こされていることが多々あるのだ。

例えば、交通事故などがわかりやすい。国土交通省関東運輸局自動車技術安全部が、社会的影響の大きな交通事故や、対策が必要な事故の分析をした「平成二十九年自動車事故調査・分析事例」を見れば、「焦り」から引き起こされる事故が決して少なくないことがわかる。例えば、あるタクシーが県道に合流する際、直進してきたオートバイと衝突したケースをこう分析している。

〈運転者は無線配車を受け配車先へ向かったが、渋滞に巻き込まれたため焦り、脇道で転回。その後県道に出る際に、確実な左右確認、一時停止を怠り事故を起こしている。脇道出口に一時停止の義務はないものの、道路に「危ない」「飛び出し注意」の注意を喚起する標示があり、その標示を本人は認識していなかった。脇道から県道に出る際焦らず、一時停止をし左右の安全確認を確実に行っていれば事故は防げたものと考えられる〉

いかがだろう。状況はまったく違うが、「危機」の本質的なところでは、私が遭遇した雪庇崩壊とまったく同じではないだろうか。

焦っていなければ安全確認をしっかりとしていたはずなので、この車はオートバイの前に飛び出してこなかっただろう。私も焦っていなければ、トレースをしっかりと辿っていたはずなので、崩落しそうな雪庇方向へと進むことはなかった。「早く行かなければ」「遅れを取り戻さないと」、そんな「焦り」こそが、軽率な行動を引き起こし、危険を察知する能力を低下させ、深刻な事故の引き金となっているのだ。

このような「焦り」というものの恐ろしさを理解していただくと、危機管理というもののひとつの主たるテーマが見えてくるだろう。

それは自分自身はもちろんのこと、チームのメンバーや仲間たちの「焦り」をどう制御していくのかということである。

焦りが事故を引き起こすということは、自分が沈着であっても、仲間が焦っていると深刻な「危機」を引き起こす恐れがあるということだ。このような「危機」を避けるには、仲間たちを焦らせないようにするしかない。つまり、精神的に追い込んだり、焦らないような環境を整備したりするのだ。

特に組織やチームのリーダーというものは、この「焦り」のマネジメントというものが、危機管理のすべてだと言っていい。

だが残念ながら、日本の大企業などの多くは、そのあたりをまったくわかっていない人たちが多い。その中でも代表的なケースが東芝である。

追い込まれた時こそ「沈着」な行動を

東芝といえば、組織的に利益のかさ上げをしていた「不正会計問題」が記憶に新しい。この利益のかさ上げについて、経営層は一貫して指示をしていないと主張していた。海外の原発事業が苦戦する中で、経営層は「チャレンジ」の名のもとで、現場にかなり厳しい目標を課していたことは認めるが、不正な行為は命じていないというのだ。

要するに、追いつめられた現場が勝手に不正行為に走ったというのである。

実際、東芝の天皇と言われた、故・西田厚聰《にしだあつとし》元社長は、メディアから「戦犯」と叩かれる中で、次のように反論をしている。

「第三者委員会の人たちは、僕が部下に命じてチャレンジした五十億円や百億円を〝多額〟なチャレンジだとしている。それは日常業務として弁護士をしている人にとっては多額かもしれないが、僕らがやっていた事業規模は一兆円ですよ。一兆円のなかの五十億円や百億円はわずか一パーセントに過ぎない。それが果たして多額ですか？」

「チャレンジでもなんでもない。言わば日常茶飯事のことですよ。五十億円のチャレンジ、百億円のチャレンジなんて、『お前達がんばれ。このままだと事業が立ち行かないぞ』程度のことですよ」（週刊ポスト二〇一七年十一月二十四日号）

普通のやり方では不可能――。そんな「限界」を超えるようなミッションを課せられたチームの場合は、確かに西田氏のような厳しさは必要な時がある。それは私自身、ちょっとした甘えが生死を分けるような無酸素登頂の世界で経験してきた。

そういう意味では、西田氏のような考え方もわからないでもないのだが、残念ながらこれは「危機管理」という発想がゴッソリと抜けているのだ。

＊

ここまで見てきたように、「焦り」は人からまともな状況判断を奪い、「とにかく追いつかねば」という近視眼的な思考の元で、冷静になれば決してやらないような破滅的な行動へと走らせる。

つまり、西田氏をはじめとした東芝経営陣からすれば、現場に対して「頑張れ」と尻を叩いていただけのつもりかもしれないが、「現場の暴走」という「危機」を引き起こしていたのである。それを窺わせる生々しいやりとりが、『日経ビジネス』（二〇一五年八月三十一日号）に掲載されている。

東芝の現役課長が組織内で日常的に行なわれている「チャレンジ」を強要されている様子がICレコーダーに録音されており、それを『日経ビジネス』の記者に持ち込んだのである。

記事で紹介されたのは、資材の調達部門で、コスト削減目標を発表する会議のやりとりである。この課長はこれまでの目標から「チャレンジ分」を上積みした目標を、上司から強引に設定された。その場では「頑張ります」と答えたものの、やはり現実は厳しく達成できなかった。そこで、目標を低くしたものに設定したところ、上司がドンドンと机を叩きながら、以下のような罵詈雑言を浴びせたのだ。

「全然話になってないって。何人（部下を）出して、いくら稼いでいくらになる。残りの七〇〇〇万はこうやって出します。そういうのを出してこいよ。それが施策でしょ。（カンパニー社長が出席する）会議でテーマ（施策）はあります、（チャレンジ目標の達成は）できますと言ったでしょ」

「あの場（会議）で『頑張ります』って言ったことはイコール『やります』という意味ですよ。そうなっているじゃない。じゃないとあの会議は何のためにあるんだ。そんな話は通用しない！　数字を落とす（達成できない）のはあり得ない！」

「チャレンジ」というこれまでの限界を超えるためには、必要な厳しさだと思うかもしれない。私自身、幾度となく「限界」を超える挑戦をしてきたので、厳しさを持つことはまったくもって同意できるが、このやり方は危機管理的にはまったくダメだ。

厳しくしているのではなく、単に焦らせているだけだからだ。

＊

組織として、数字が達成できない「危機」に直面した場合、山で道を見失った時と同じように、「沈着」に行動をしなくてはいけない。なぜ目標が達成できないのか、どこかに誤りがあるのかと、自分が辿ってきた道を振り返るように、戦略を見直さなくてはいけない。

それを「お前がやると言ったんだから、お前がやれ」と突き放すだけでは、リーダー失格である。この課長がなぜ目標を達成できないのかという原因を徹底的に検証して、果たしてその目標が「越えられる限界」なのか、「単なる無理強い」なのかを改めて判断するのは上司の務めである。

それをやらずに恫喝や威嚇で、精神的に追い込んでも、「とにかく目標を達成せねば」「早く埋め合わせをしなくては」という焦りしかもたらさない。

マスコミ報道による東芝社員たちの証言を読むと、組織内ではこの課長のように追い込まれる人が山ほどいた。ということは、東芝という組織の現場には、焦った人間が溢れ返っていたということだ。

ここまで見てきたように「焦り」は状況判断ミスを引き起こす。平時ならあり得ないような危ない橋を渡らせて、あり得ないような軽率な行動に走らせる。

ここまで言えばもうおわかりだろう。東芝という組織の至るところで「利益のかさ上げ」が行なわれていたのは、現場の人々が、厳しい目標達成を強いられてとにかく焦っていたことが大きいのである。そして、この状況を招いたのは、経営陣が掲げていた「チャレンジ」であることは言うまでもない。

つまり、あの不正会計問題は、危機管理的に見れば間違いなくリーダーたちが引き起こした

「危機」なのだ。「焦り」というものに支配された人間がどういう行動に走るのか、という恐ろしさを見くびってしまったことこそが、東芝経営陣の最大の敗因だったのである。

CASE
4
パキスタン・ガッシャーブルム1峰　雪崩事故

「沈着」と「過信」を混同するな

「焦り」という心の乱れが、自分自身を窮地に追い込むだけではなく、チームの人間を精神的に追いつめた結果、組織全体を崩壊させるほどの「危機」を生み出すということがよくわかっていただけたと思う。

急がない、焦らない、というのは「危機管理」における基本中の基本である。どんな状況に追い込まれても「沈着」であることが、生き残るための道なのだ。

だが、この「沈着」というのが非常に難しいのは、焦ったり取り乱したりしないということを強く意識して、ゆったりと構えすぎてしまうと、これはこれで「危機」を引き起こしてしまうということもある。

なぜかというと、心を落ち着かせる「沈着」と、何の根拠もなく「大丈夫」「これくらい平気」という「過信」が時に人を混同させてしまうからだ。

「危機」に直面しても、まったく焦ることもなく、何かにせき立てられることもない。一見すると、心を乱されることなく、非常に落ち着いて行動をしているようだが、実はそれは心を乱されていないからではない。単にこれまでの自分の経験則から、さしたる根拠もなく落ち着いてしまう。

要するに、「舐《な》めてしまっている」のだ。

ビジネスでも政治でも、スポーツや芸能の世界でも、ある程度のキャリアや経験を積んだ「中堅どころ」がとんでもない失態を晒《さら》したり、致命的なミスをしたりすると、だいたい「驕《おご》りがあった」と反省の弁を述べるが、すべてはこの「沈着」と「過信」を混同しているからなのだ。

＊

どんな危機的状況の中でも生き残る人というのは、不測の事態が発生した際、自分の置かれた状況を冷静かつ客観的に分析をして、生き残るためのベストの策を選んで、それを用心深く実行する。これが「沈着」に物事を進めるということだ。

だが、生き残れない人は不測の事態が発生した際、自分の置かれた状況を主観で見てしまう。「これくらいなら平気だろう」「多分大丈夫だろう」と高をくくってしまうのだ。このような状況判断が致命的なミスに繋がることは言うまでもあるまい。

ここで出てくる「大丈夫」「平気」というのは実は根拠も何もない。経験則というと何やら聞こえはいいが、自分の思い込みである。危機管理において「思い込み」というのは、最もやってはいけないことのひとつで、そこには願望や希望的観測が多分に盛り込まれてしまう。

つまり、「大丈夫であってほしい」「平気なんじゃないかな」という「自分本位な思い込み」を「経験則」という言葉でごまかしてしまうことで、なんの根拠もない状況判断が下されてしまうのだ。

なぜこのようなことが断言できるのかというと、私自身が身をもってこの「自分本位の思い込み」によって、自分の命だけではなく、大切な仲間の身も危険に晒してしまった苦い経験があるからだ。

一九九二年、私は中国とパキスタン国境にそびえるカラコルム山脈にあるガッシャーブルム1峰に挑んだ。

現地の人の言葉で「美しい山」という意味のこの山は、標高八〇六八メートルで世界十一位。八〇〇〇メートル峰十四座無酸素登頂を目指していた私にとっては、四峰目のチャレンジだったわけだが、残念ながらこの時は七三〇〇メートルに到達したところで無念の下山となってしまった。ちなみに、この山は五年後の九七年、二度目の挑戦を行ない見事、無酸素登頂に成功している。

そんな思い入れのあるこの山で、実は私が登山家として生涯忘れることのできない「危機」に遭遇した。それは「雪崩」である。

見過ごされた雪崩の危機

当時、このガッシャーブルム1峰を、私はパートナーと二人きりで登っていた。

と言っても、このパートナーも八〇〇〇メートル峰のいくつかを登頂した百戦錬磨のベテラン登山家だったので、心細いことなどまったくなかった。私も彼のキャリアや経験を信頼していたし、おそらく彼も私を信頼してくれていたはずだ。

そういう意味では、不安要素がまったくないコンビだったわけだが、逆にそのような「驕り」が「危機」を引き起こしてしまったのである。

その日、私たちが登っていた時、ガッシャーブルム1峰はそれほど雪が積もっていなかった。せいぜい雪の深さは脛《すね》くらいだった。そんな山の北側斜面で、私たちはアンザイレンしながら横切るような形で進んでいた。アンザイレンとはロープで互いの体を結び合うことで、滑落の恐れがあるような場所で用いられる登山技術である。

よくこのアンザイレンという話をすると、登山のことをあまりご存知ない方から、互いの体を結びつけていたら、何かあったら共倒れじゃないかというような疑問の声を頂戴することがあるが、しっかりとした技術を体得すれば、これほど頼もしい「危機管理」はない。

アンザイレンしてある程度の安全を確保しながら進めば、もしパートナーが滑落したり、クレバスに転落をした場合にすぐに対処ができる。アンザイレンして一緒に登っているような時でも、常に互いにロープを輪にして持つことで滑落に備えている。もしどちらかが滑落した場合、残されたパートナーが輪にしたロープにピッケルを突き刺せば、それが支点となって、それ以上の滑落などを防ぐことができる。

時折、山の事故現場で、六人や七人という大人数でアンザイレンしている中で、そのうちの一人が滑落したところ、数珠繋ぎでみな落ちてしまったというケースもあるが、個々のメンバーが正しい技術を持っていれば、「危機」を避けるためには、非常に有効な手段なのである。

ただ、どんなにちゃんとした技術を有する者同士のアンザイレンでも、状況判断を誤ってしまえば意味はない。いや、それどころか、アンザイレンをしていたことで、パートナーを「危機」の道連れにしてしまうことさえもよくあるのだ。

そんな最悪のパターンこそが、ガッシャーブルム1峰で私が遭遇した雪崩事故だった。

＊

斜面を進むうち吹雪が始まって、徐々に勢いが強くなっていった。視界も悪くなっていく中で、私の背にパートナーがこんな声をかけた。

「小西、上にルンゼがあるよ」

ルンゼとは「岩壁に食い込む急な岩溝」というドイツ語で、登山用語では水の浸食作用でできた急で険しい岩壁の溝のことである。こういう場所は雪崩の危険性が高い。つまり、パートナーは「雪崩に気をつけろ」と言っているのだ。確かに、見上げてみると、五〇メートルほどの高さのところにルンゼがあった。私たちを見下ろすようなルンゼには、大量に雪が積もっている。あのような状態はかなり危険性が高い。私たちがルンゼの下の斜面を横切ることによって、雪崩が引き起こされる可能性があるからだ。

「ああ、わかった」

そう返事をしながら、私は斜面を進んだ。そして、どれくらい進んだだろうか、気がついたら私は、濁流のように流れる雪の上に乗っかって、ものすごい勢いで流されていたのである。パートナーが指摘したルンゼから発生した雪崩に襲われたのだ。

雪崩に流されながら私はなす術もなく、とにかく雪の中に体が沈まないように必死でバランスを取っていた。見れば、パートナーも雪崩に乗って、私と同じように流されている。

そして、七〇メートルほど流されたあたりで、ようやく雪崩は止まった。それなりの規模の雪崩であったにもかかわらず、私とパートナーは無傷で助かったのである。

＊

だが、これは完全に「たまたま助かった」というパターンであって、死に直結していた「危機」であるということは言うまでもない。

私たちはたまたま雪の上を流されたが、もしもうちょっと雪が深い場所での雪崩であったら、ほぼ確実に私たちは二人揃って雪崩に飲み込まれていたはずだ。こうなれば、もはや絶望的である。雪というのは非常に重く、埋まってしまうと自力で脱出することはほぼ不可能だからだ。

雪崩はその凄まじい衝撃で五体がバラバラになってしまうこともあるが、一方でほとんどは雪に埋没してそのまま窒息死するケースが非常に多い。実際、欧州や北米での統計では、雪崩埋没時の死因は、窒息死が全体の七五〜九四・六パーセントを占めるという調査もある。

つまり、あの雪崩で私たちが二人揃って雪に埋まってしまっていたら、誰からも掘り起こされることもなく、二人揃って雪の中で苦しみながら窒息死していたのは、ほぼ間違いないのだ。

そんなことを言っても、そもそも雪崩など予見できないのだから仕方がないのではと思われるかもしれないが、実はこの雪崩事故は、「危機管理」のノウハウを持っている人間ならば、ちゃんと避けることはできたのだ。

ターニングポイントは、パートナーが「ルンゼがある」と注意喚起をした時だ。雪崩の危険性があるのだから、通常ならばあそこでパートナーにはその場に待機をしてもらうという判断をしていたはずだ。そして、ロープで確保してもらいながら、私だけが先行をする。そして、危険な箇所を通り過ぎて安全が確保できたところで、パートナーが来るというやり方だ。

この方法ならば、もし雪崩が発生してどちらかが雪崩に飲み込まれて、埋まってしまったとしても、もう一方はロープをたどって場所を特定して、掘り起こすことができる。つまり、「雪崩埋没による窒息死」という「危機」を避けることができる可能性が高い。

思い込みという「過信」

では、なぜこの時の私はこのような手順を踏まずに、雪崩の危険性があるという警告を受けながらも、そのまま突き進んでしまったのか。

実はそれこそが、本章の冒頭で申し上げた「過信」である。

確かに、吹雪が強くなってきていたので、早く進みたいという思いはあった。しかし、「焦り」というものが最悪の結果しか招かないということを身をもって経験していた私は、まったく焦ることはなかった。極めて冷静な目で、自分たちの置かれた状況を分析していた。

ゆえに、パートナーが指摘した雪崩の危険性もちゃんと理解をしていた。あのような状態では、いつ雪崩が起きてもおかしくはないというのはすぐにわかった。

だが、それをわかっていながらも私は、特にパートナーに待機する指示をすることもなく、ずんずんと突き進んだのである。なぜそんなことができたのかというと、「雪が脛の深さほどだった」からだ。


これまでの経験上、脛くらいの雪ならば、もしも雪崩が起きたとしても埋まるようなことはないのではないかという思いがあった。要するに、舐めていたのである。

だが、実際に起きた雪崩は、七〇メートル以上も流されるほどのかなりの規模だった。運悪く雪に飲み込まれて埋まっていた可能性は十分あった。山に登ってありとあらゆる「危機」を経験してきた私とパートナーの頭にも、当然、そのような最悪のシナリオは浮かんでいた。

にもかかわらず、「これくらいの雪の深さなら大丈夫だろう」という「自分本位な思い込み」によって、その最悪のシナリオに真っ正面から向き合うことをしなかったのである。

＊

このような「自分本位な思い込み」というのは、実は経験豊富なベテランほど陥りやすい罠である。私もパートナーも、ガッシャーブルム1峰へと至るまでに、互いにさまざまな「危機」を乗り越えてきていた。

山という世界にどのような落とし穴が潜み、事故にはどのような前兆があるのかも、それなりに身をもって経験してきたという自負もある。しかし、この雪崩ではそのような経験と自信が見事、裏目に出てしまったのだ。

明らかに「危機」の前兆があって、自分自身でも確認しているにもかかわらず、「これくらいの雪の深さならば大事に至らないだろう」と自分本位のものの見方をして、誤った状況判断をしてしまう。そして、パートナーも「危機」を察知してアナウンスをしているにもかかわらず、何も手を打たない私を諫《いさ》めることもせず、そのままザイルの繋がった私とともに危険な斜面へと突き進んだ。「経験豊富な小西がそう言っているのなら大丈夫だろう」と、やはりこちらも根拠のない思い込みをしてしまったのである。

このような私たちの精神状況を表現するのに、最も適した言葉はやはり「驕り」だろう。

私たちはこれまでも危機を乗り越えてきた。その自信が目を曇らせてしまい、目の前に危機の前兆があるにもかかわらず、過小評価をしてしまったのである。もしこれが私たちよりも経験の浅い登山家であれば、かなり用心深く行動をしているので、先ほどのように、雪崩を想定した安全な方法で進んだかもしれない。

ベテランは経験という武器がある一方で、経験があるがゆえに「危機」を過小評価して、時に誤った状況判断を下してしまう。「これまで大丈夫だったのだから、今回もきっと大丈夫だろう」という根拠のない希望的観測を抱いてしまう。要は、「危機」を舐めてしまうのだ。

そして、もうお気づきだろうが、このような「驕り」が死に直結するというのは、何も登山家だけではない。「驕れる者は久しからず」という言葉もあるように、これまでの豊富な経験に基づく自信が裏目に出てしまうのは、個人事業主やサラリーマンなどの組織人、さらにはアスリートやクリエイターなどありとあらゆる職種に共通する「真理」なのだ。

「驕り」がリテラシーを破壊する

例えば、わかりやすいのが、日本のものづくり企業で続発する「不正」だ。

先ほども触れた神戸製鋼のデータ改ざんに誘発されるような形で、東レ、三菱マテリアル、日本ガイシなど、日本の高い技術力を支えてきた名門企業で次々と不正行為が発覚したのはご存知の通りだ。

これを受けて世間では、なぜ技術力に定評があり、誰よりもそこへの強いこだわりを持つ人たちが、このような不正行為に手を染めるのだろうと首を傾げているが、私のように「危機管理のプロ」からすれば、これは何も驚くような話ではない。むしろ、よくある話と言っていい。

経験豊富でさまざまな修羅場を乗り越えてきたプロ登山家が、時に「危機」を舐めてしまうように、技術力があってこれまでさまざまな修羅場を乗り越えてきたプロの職人も、「危機」を過小評価してしまうのだ。

それを如実に示すのが、三菱マテリアルの子会社、三菱電線工業が自動車や航空機向けに出荷した素材製品の検査データを書き換えていた、という問題の原因究明を行なった特別調査委員会の報告書だ。

弁護士などの第三者が調査をしたところによると、同社の生産を管理する技術開発部は、「自分たちは製品の機能や安全性に及ぼす影響について、顧客の判断を得るまでもなく、判断できる」と考えていたことがわかった。また、本来であれば、検査データの不正などに厳しく目を光らせなくてはいけなかった品質保証部門も、「過去に顧客からクレーム等が生じていないため問題ない」と判断していたという。

これを受けて特別調査委員会は「品質管理に関する驕りがあった」「独りよがりな驕りの意識が根づいていた」と結論づけているのだ。

自分たちの技術は高いので、少しくらいの不正があっても問題はない。これまで特に大きな問題が発生していないのだから大丈夫だろう。パートナーから雪崩の注意喚起を受けながらも、大丈夫だろうという「驕り」から、雪の斜面を進んでいった私には、このような人々の「驕り」が痛いほどわかる。

＊

だが、「驕り」というものが本当に恐ろしいのは、私が雪崩を大したことがないと判断してしまったように、目の前にある「危機」から目を背けさせて、自分たちに都合のいいように物事を解釈してしまうことである。

先の特別報告書によると、この「驕り」の意識によって、三菱電線工業の現場における不正行為は、「先輩たちが長年やってきた当たり前のこと」と正当化されてしまったという。「驕り」が「危機を舐める」という状態を作り出すというのは、送電線に使う「碍子《がいし》」の品質検査の不正を、一九九〇年代から続けていたことが発覚した、日本ガイシも同様である。

謝罪会見を催した大島卓社長は、このような不正が起きてしまった背景を、「事業部門が自ら定めた検査品質に過剰な自信を持つようになった」と述べた。技術者が自分の技術に自信を持つことは決して悪いことではないが、それがあまりに行き過ぎてしまったせいで、「自社基準を満たせばいいという驕り」に繋がってしまったというのだ。

自分たちの基準さえ満たせば「問題なし」という自分本位な考え方が、顧客と交わした契約に沿って検査をするという法律を無視するという不正や、顧客から問い合わせがあった場合は、「契約に沿った検査をしている」と嘘の回答を引き起こした。

つまり、「驕り」というものが、日本ガイシという組織の「危機」に対する感度、リテラシーを破壊してしまったのである。

両社に共通しているのは、経営陣は知らなくても、現場レベルでは多くの人々が不正の事実を知っていたということだ。そしてそれを主導していたのが、現場を知り尽くしたベテラン技術者だったということである。これが「驕り」がもたらす「危機」の最大の特徴である。

危機管理の基本は「焦らず」「驕らず」

新人や中途採用者ならば、これが組織に壊滅的な被害を与える「危機」だということはわかる。しかし、その組織の中でそれなりにキャリアを積んで、技術の研鑽をしてきたベテランになればなるほど、この意識が薄くなっていく。

これまで何も問題はなかったのだから大騒ぎをするような話ではない、先輩もそのまた先輩もみな普通に続けてきたことなので大丈夫だ、などと「危機」を舐めてしまっているのだ。これはガッシャーブルム1峰で、雪の深さから雪崩の「危機」を舐めてしまった私とまったく同じだ。

つまり、豊富な経験と自信があることが裏目に出て、「大丈夫だろう」という「自分本位な思い込み」から、本来ならば「危機」を回避するために取るべき行動に走らせなかったのである。

また、「驕り」というものが厄介なのは、伝染病のように広がっていくということだ。尊敬する先輩や同僚が「大丈夫だろう」と言うと、自分は危ないと思っていたことも徐々に薄れて、「みんなが言っているんだから大丈夫だろう」と「驕り」に徐々に支配されていくのだ。このような同調圧力というものが、組織を崩壊させていくので、リーダーはこのような「驕り」が広がらないように、初心忘れるべからずではないが、先入観にとらわれることなく、常に状況をフラットに判断をして、用心深く行動しなくてはいけないことを、身をもって範を示す必要があるのだ。

そして、このような「驕り」の問題は、組織だけではなく個人にも大いに当てはまる。

例えば、仕事ができてノリに乗っている人に限って足元をすくわれるようなミスを犯してしまうなんていう話は、サラリーマンなら常によく耳にする話だろう。また、仕事ができると評判だった財務省事務次官が女性記者を呼び出して、セクハラを行なったことが話題になったが、順調な出世コースに乗っているような人間ほどこの手の問題がよく起きるメカニズムにも、実はこの「自分本位な思い込み」に原因がある。

＊

セクハラやパワハラという人間関係でトラブルを起こす人というのは、往々にして冷静かつ客観的に自分が置かれた状況や、自分が取った行動が他者にどのようなインパクトを与えるのかというところまで思いを巡らせていない。なぜそこまで頭が回らないのかというと、「経験則」や「自信」が邪魔をするのである。

これまでこんな感じで厳しく指導をしてきたのだから今回も大丈夫なはずだ。あの女性と自分の関係性ならば、これくらいの下ネタやお触りも冗談ですませてくれるはずだ。

このような「自分本位な思い込み」にとらわれて、自分が「危機」のど真ん中に突っ込んでいることすら認識がなくなってしまうのである。

ここまで見てきたように、生き残る人というのは、心が乱れない人である。不測の事態に遭遇しても焦らない、急がない。だが、大きく構えているからといって、「危機」を舐めているわけではない。

わずかな危機の兆候を決して見逃さず、これまでの自分の経験や希望的観測に決してあぐらをかくことなく、真摯な態度で現状を客観的に分析する。そして、誰よりも用心深く、沈着に行動をする。

山の世界でもビジネスの世界でも、最後まで生き残る人というのは、そのように「焦らず、驕らず」という立ち居振る舞いができる人間なのだ。それはさまざまな事態に対して、心が乱されることなく、常に体の中心に心があるという状態なのだ。

このあたりの「心のマネジメント」というのは、正直、一朝一夕でできるようなものではない。ベテランのクライマーが慢心から不用意な行動を取ってしまったり、熟練の職人が不正に走ってしまったりということからもわかるように、どんなにその世界で経験があって実績のある者でも、落とし穴に陥ってしまう。

そこで大事なのは、このような事実を決して「忘れない」ということである。いつも心の中に「焦らず、驕らず」という言葉を刻んでおく。どんな状況に陥っても、この言葉を思い出せば、きっと適切な危機管理ができるはずである。

第三章

CHAPTER

3

「想定外」に甘えるな

CASE

5

ネパール・山小屋　巨大雪崩事故

危機管理に重要な「想定外」という概念

　これまでの八〇〇〇メートル峰無酸素登頂の経験を踏まえて、「危機管理」というテーマについて講演をさせていただく機会が多い。私の講演スタイルというのは、一方的に話をするというよりも、参加者の方たちからの質問や、いろいろな相談を受けるというものだ。登山と無縁の方が多く、経営者やビジネスマン、あるいは社会人になりたての若者まで手を挙げてくれるので、その内容は非常にバラエティに富んでいるが、そこで必ずされる定番の質問がある。

「想定外」ということに関する質問だ。

「危機管理ということに対して非常に力を注いできたが、普通に考えたらあり得ないような事態が発生してしまった。このような想定外には、どう対処をすればいいのでしょうか」

「うちはこれまで社員などの不祥事を想定して、準備をしてきましたが、先日こちらの想定にはないような不祥事が起きてしまいました。どうすればこのような想定外に備えることができるのでしょうか」

もちろん、ビジネスの話だけではない。昨今、甚大な被害をもたらす地震や集中豪雨など、「想定外」の自然災害を引き合いに出して、このような危機に臨むスタンスや心構えを問われることもある。

なぜこのような類の質問や相談が多いのか。企業不祥事や地震、水害などが定期的に報じられる世相というもののもちろんあるが、標高八〇〇〇メートルという、少し気を抜くと死に直結する「死の地帯」から幾度となく生還を果たした私に、「想定外」を乗り越えるための術、あるいはヒントのようなものを求めているように思う。

しかし残念ながら、このような人たちが期待しているような答えを、私はお話しすることができない。なぜなら、このような質問や相談の大前提というものが間違っているからだ。

＊

間違っているというと、何やら批判をしているように聞こえるかもしれないが、そういう意図はない。想定外のトラブルに見舞われた方や、想定外の事態に直面された方たちが甘いとか、自業自得だとか責めるようなつもりはまったくない。

ただ、「想定外」という言葉で説明されるような危機のおおよそ九〇パーセント以上が、私から言わせれば、「想定内」の危機であるという事実を指摘したいだけなのだ。

こんなことになると予想できなかった。これまでこのような事態は起きていなかった。そんなことを主張される方たちが遭遇した「危機」をよく聞いてみると、確かに過去にはこのような事態は起きていない。そういう意味では、予想をすることが難しいというのは非常によく理解できる。

だが、客観的かつ冷静に分析をしてみると、前例はなかったものの、そのような「危機」が発生してもおかしくないような状況だった。むしろ、感覚を研ぎ澄ませて、用心深く観察をしていれば気づくことができた「危機の予兆」もあったというケースが圧倒的に多いのである。

つまり、世の中で「想定外」として片づけられる危機のほとんどが、実は想定内の危機であって、それを予想できなかった、備えることができなかった自分への言い訳として「想定外」という言葉が使われているケースが非常に多いのだ。

そんな偉そうなことを言えるのは、「終わった危機」について論評をしているからだと感じる人も多いだろう。この小西という男は、結果論で偉そうなことを言っているに違いない、と。だが、今申し上げてきたようなことは、山の世界で幾度となく死の淵に立ち、多くの仲間たちを失ってきた私たちからすれば、ウケ狙いで突飛な話をしているようなことではなく、長い経験の中で培われてきた「常識」なのだ。

言い訳にしてほしくない「想定外」

本書の冒頭で述べたが、登山が究極の危機管理と言われる所以《ゆえん》は、「想定外」という言い訳をしないからだ。山にはありとあらゆる危機が発生する。雪崩、滑落、凍死、落石もあれば、道に迷って遭難することもあれば、クマなどの大型動物に襲われることだってなくはない。私が挑戦している八〇〇〇メートル峰無酸素登頂の場合、酸欠による意識消失や、精神に異常をきたすという事態もある。

このようにありとあらゆる危機が待ち構えていることを、しっかりと理解をした上で、自分の意志でそこへ乗り込んでいくのが、登山家である。

そこで想像をしていただきたい。そんないわば、危機管理のプロ中のプロともいう人々が山で事故や遭難に直面してこんな言い訳をしたら、皆さんはどう感じるだろうか。

これまでこんな場所で滑落した人がいなかったので、まったくの想定外だ。この場所ではこれまで雪崩が起きたことがなかったので、雪崩に巻き込まれたのは予想ができなかった——。

危険な山へ自ら挑戦すると決めたわけだから、それはちょっと甘いんじゃないの、と感じるのではないか。私たち登山家の感覚からしてもそうで、もしこのような言い訳をする登山家がいれば、周囲から失笑されるのがオチである。

天変地異が起きて、山にいたのに津波に襲われたとか、空から隕石が降ってきて、山に登っているところを頭に直撃を受けたとかなら、文字通り「想定外」であり、「まったく予想できなかった」という言葉に違和感はない。だが、山であれば起こり得る「危機」に見舞われて、それを回避できなかったのは、単に見通しが甘かっただけと言わざるを得ない。

「あれは想定外でした」「予想ができなかった」と言い訳をするのは、山という危険地帯に自らの意志で乗り込む者として、「準備不足でした」と自らの見通しの甘さを触れ回ることと同じなのだ。

＊

特に私がチャレンジしていた八〇〇〇メートル峰などになれば、その傾向はもっと強くなり、予想通りに物事が進むことの方が少ない。

ありとあらゆる状況を予測して、綿密な計画を立てて、シミュレーションを重ねても、それでもこちらの予想をはるかに上回るようなアクシデントや不測の事態が起きる。だからこそ、前章で述べてきたように心を乱されることなく、冷静な状況判断と沈着な行動によってそれらを乗り越えなくてはいけない。

つまり、私たちにとって「想定外」の危機が発生することなど当たり前のことであって、むしろ「想定外」を予想してそれに備えて準備をすることこそが、「山を登る」ということ、すなわち「危機管理」なのだ。

もちろん、これを実践するのは容易なことではない。

前章で紹介してきたように、誰よりも危機というものに対して意識を働かせ、神経を尖らせているようなプロ登山家でさえも、ふとした気の緩みや慢心から危機管理に失敗をしてしまうことがあるように、「想定外」に対処すべく入念に準備をして、誰よりも用心深く振る舞っていても、予想できたはずの危機へと足を踏み入れて、最悪、命を奪われてしまうというケースが多々ある。

それらの危機は、第三者からは「想定外」などと評されるが、私たちのようなプロの目からみれば、十分に予想ができた。一般の方たちは気づかないわずかな前兆だが、経験豊富なプロなら気づいて然るべしというものだが、残念ながらそれを見過ごしているのだ。

これまで私は、そういう人たちを数えきれないほど見てきた。その中には友人もいれば、尊敬する先輩もいる。人柄や登山スタイルは皆バラバラだが、共通しているのは、これまで何度も危機の前兆を読み解き、それを回避してきた危機管理のプロであるということだ。それほど「想定外」を予想するということは、難しいということである。

ただ、不可能というわけではない。そこで、私たちはどのような点に着目をして「想定外」ということに向き合うべきかをわかっていただくため、発生した当時は「想定外」という声もあがった、ある凄惨な山岳事故を例に考えていきたい。

登山史に残る山小屋の事故

今から二十年ほど前の秋、ネパールの標高四六〇〇メートル付近にある村の山小屋が雪崩で飛ばされた。小屋に宿泊していたのは、トレッキング・ツアーの客たちで、添乗員たちやロッジのスタッフなど計二十七名がいた。生き残ったのはたった一人で、二十六人が窒息死などで亡くなった。その中には、日本人も十三名含まれていた。

この時、ネパールは季節外れのサイクロンが吹き荒れて、各地にこれまでにないような記録的な大雪を降らせていた。事故が起きたロッジ周辺も同様で、これまではせいぜい降っても腰下くらいの雪の深さしかなかったが、夕方から吹雪いて、胸のあたりまで埋まるような豪雪が降ってしまった。

これほど雪深い中を、トレッキング・ツアーに参加するような軽装備の人たちが、下山をするというのは危険極まりない。かといって、ツアーなので帰国便も決まっていて、それに乗るには早くカトマンズに戻らないといけない。

そこで急遽、カトマンズからヘリを呼ぼうという話になったという。

そして一晩を過ごし、全員で朝食をとっていた時に、悲劇が起きたのだ。山小屋の後ろにあったなだらかな斜面で雪崩が起きてしまったのである。

山の世界に生きる方たちならばすぐにわかる登山史に残る悲劇だが、ここでは大切な家族を失ったご遺族の感情に配慮をして、これ以上の詳しい情報は控えさせていただく。

この事故が発生した時、私はカトマンズで登山隊隊員やネパール人シェルパたちとささやかな食事を楽しんでいた。エベレスト、K2に次ぐ、世界第三位のカンチェンジュンガ（標高八五八六メートル）の無酸素登頂に挑んだものの、残念ながら頂上まで辿り着くことができず断念し、そのお疲れさま会を催していたのである。

＊

そんな時、ツアー会社の社長から私の元に連絡があり、すぐに現場へ急行して、救援隊の隊長としてレスキューに当たってもらいたいという依頼があった。なぜこの社長が、私にそんな大役を任せようとしたのかというと、まずもともと古い付き合いで、私の山の経験をよく知っていたということがある。さらにタイミングよくネパール入りしていたことを知っていて、何よりも私たちの登山隊が、カンチェンジュンガから下りてきたばかりだということが大きかった。

実は高地で起きた事故のレスキューが難しいのは、「高山病」のリスクがあるからだ。どんなに屈強で、経験豊富なレスキュー隊であっても、いきなり標高四六〇〇メートルにヘリで連れて行かれたら、ほぼ間違いなく頭痛などの高度障害に襲われて、レスキュー作業どころではないだろう。酸素の少なさにいきなり適応できないからだ。

その点、私たちはつい二週間ほど前まで標高五五〇〇メートルのベースキャンプにいて、頂上へのアタックを行なっていた。つまり、高度順化がしっかりとできている。レスキュー隊としては、これ以上ないほどぴったりの人材だったというわけだ。

レスキューの依頼を受けた翌朝、私と隊員、シェルパたちはカトマンズからおよそ一三〇キロ以上離れた事故現場へ向けてヘリで飛び立った。程なく到着した私は、そのあまりの凄惨な現場に言葉を失った。

凄まじい雪崩の衝撃によって、小屋があった場所がすべて雪に埋まっていたからだ。

十数年前に造られたという山小屋は、ネパールのどこにでもあるような小屋と同じく、削った石を積み上げて壁や土台を造って、そこに木材を被せていくという極めて簡素なものだが、それを差し引いても崩れ過ぎというほどの瓦礫の山になってしまっているのだ。

私たちは雪の中から石や木の破片をひとつずつ取り除くという作業を続け、どうにかして二十五人のご遺体を見つけることができた。数日後、日本から駆けつけたご遺族と会っていただき、荼毘《たび》に付すことができたという意味では、レスキュー隊の隊長としての責務が果たせて、ホッとしたものだ。

＊

ただ、残念ながら一体だけ、どこをどう探しても見つけることができなかった。雪崩の凄まじい衝撃で、その体がどこかへ吹き飛ばされてしまったようだった。

この雪崩の凄まじさは、たった一人の生存者がどのように助かったのかということからもまざまざとよくわかった。

唯一助かったのはツアー客ではなく、食事の支度をするために雇われた現地のキッチンボーイだった。ツアー客への朝食を配っているところに突然、木の柱や石の壁が倒れてきた時、彼のそばに大きな魔法瓶があった。中国製だが作りは非常に頑丈なものだ。そこに大きな板が倒れてきて、ちょうど魔法瓶が衝立《ついたて》のような形となり、彼が潰されないくらいの空間ができたのだ。

ほかの二十六人が木や石、さらにはその上からのしかかった雪によって窒息死などで亡くなっていることを考えると、これこそまさしく「奇跡」と言えよう。

しかし、潰されなかったとはいえ、雪崩発生から私たちが救出をするまでの三日近く、彼は体を動かすこともできず、ずっと魔法瓶と大きな板が作った空間で倒れていたのだ。飲まず食わずはもちろんのこと、ズボンを下ろしてどこかに排泄できるような状態ではないので、すべて「垂れ流し」である。

そういう意味では、これ以上救出が遅くなっていたら、どうなっていたかはわからない。よく地震などで生き埋めになった人の生存時間が「七十二時間」と言われるが、この彼もその限界に近いところまできていたのだ。

ちなみに、彼を救出した後、私が排泄物で汚れたズボンを脱がして体を拭いてやったのだが、どういうわけか一緒に救出をしたシェルパたちがよそよしいというか、彼に冷たかった。

三日近く飲まず食わずだった彼に、焼いたトーストをひと切れ持ってきて、ホラと渡すなど明らかに酷い仕打ちなので、一体どうしたんだとシェルパたちに問うと、どうもこのキッチンボーイが不可触民（ダリット）ということだかららしい。

ご存知のように、カースト制度のあるインドやネパールでは、カーストにも入らない不可触民は、「アウト・オブ・カースト」として社会的差別を受けており、人間扱いされない。私たち日本人からすれば理解に苦しむかもしれないが、これがネパール人の常識なのだ。

多くのネパール人が悲劇に見舞われて、命さえ軽んじられる不可触民が一人だけ生き残ったという現実に、レスキューをしたシェルパたちも戸惑っているようだった。

一方、キッチンボーイの汚物だらけのズボンのポケットには、ツアー客に出すはずの食事をくすねたのであろう、ゆで卵が入っていた。身動きが取れずに食べることができなかったようだ。

現場の凄惨さもさることながら、私の中では、あらためてカーストという制度について考えさせられた、非常に印象深い山岳事故だった。

予測ができた「想定外」

さて、読者諸兄の皆さんは、この雪崩事故を聞いてどう思われただろう。

あるいは、わずかな隙間に挟まれてどうにか生きながらえた不可触民の若者と、ネパールのトレッキングを楽しみにやってきた日本人ツアー客が、ほんの数メートルほどいた場所が異なっていただけで生死が分かれたように、「理不尽」「運命の悪戯」という言葉が頭によぎったという方が多いのではないだろうか。

いずれにせよ、この雪崩を予見して避けるなどということはできなかった、と結論づける方が大多数だろう。

事実、この事故を報じた当時の報道では、「小屋の後ろはなだらかな斜面があるだけで、これまで雪崩は起きていない。地元の住民も安全な場所という認識だったので予測はできなかった」「季節外れのサイクロンで、これまで経験したことのない降雪となり、このような雪崩が起きることは想定できなかった」というような意見が多く目立っていた。

だが、現場に誰よりも早く駆けつけレスキューして、事故状況を客観的に分析した私からすると、そのような見解とはやや異なり、予見することが難しかったことは間違いないが、決して不可能ではないというのが私の結論だ。

確かに、小屋の後ろには、なだらかな斜面があるだけだ。が、救出作業をしながら注意深く観察してみると、なだらかな斜面の上が段になっていて、その先は傾斜のきつい斜面が広がっている。つまり「なだらかな斜面」というのは、小屋の後ろにある傾斜のきつい大斜面のほんの一部分に過ぎないのである。

ここに大量の雪が積もれば、「なだらかな斜面」へ向けて雪崩が起きる危険性があるというのは十分に予想ができる。いずれにせよ、私たちのように常に雪崩の危険性について警戒をしているような人間ならば、「安全」とは言い難い立地だったのだ。

そこに加えて、私がこの雪崩の予見が不可能ではなかったと感じた理由がもうひとつある。それは、多くの人たちが「想定外」の拠り所にしている「これまで経験したことのないような、胸の深さまで積もるほどの大雪」である。

地元の住民たちが、この小屋を安全としている根拠は、小屋を建ててから十数年の間で雪崩が起きていないということが大きい。これまでのような降雪ならば、そのような状況判断をするのはよくわかる。だが、事故が起きた時は「これまでのような降雪」ではなかったのである。

つまり、これまで経験したことのない大雪が降った時点で、大きな斜面の麓にある小屋の「安全」は根底から揺らいでいるのだ。

では、どうすればよかったか。実は雪崩に潰されたこの小屋から、雪崩の起きた斜面とは反対側二〇〇メートルほどの場所にもうひとつ山小屋がある。こちらは崩壊した小屋よりも新しく、私たちレスキュー隊が救助活動をしている際には、ここに宿泊していたのだが、こちらはまったく被害はなかった。

*

夜が明けて、胸までの深さという異常事態を察知した時点で、斜面の下にある小屋の安全が大きく揺らいでいると判断をして、こちらの小屋へと避難をするという判断も当然あってしかるべきなのだ。

もちろん、繰り返しになるが、「想定外」ではないからといって、この悲劇は回避できたなどと主張をしているわけではない。現場にいたガイドや、地元の人々も当然、自分たちの経験と安全に基づいて、彼らなりに適切な状況判断を下したはずなので、その決断に対して、その場にいなかった私があだこうだと言及をする資格はないのかもしれない。

悲劇は悲劇として受け止め、亡くなった人々の死を悼み、彼らの下した決断は尊重したい。ただ、だからと言って、予想ができた危機を亡くなった人たちに配慮をして、すべて「想定外だった」と片づけてしまうと、彼らの命を奪った危機の本質から目をそらし、さらなる悲劇を繰り返してしまう恐れもある。

そのようなことは亡くなられた人たちも決して望まないだろう。危機を「想定外」で片づけてしまうことは、犠牲者の魂を冒瀆《ぼうとく》することだと、私は思うのだ。

東日本大震災は「想定外」か

実はこれとまったく同じ構図が、東日本大震災による津波被害にも当てはまる。津波によって沿岸地域に住む方たちの多くの尊い命が奪われ、福島第一原発では津波によって電源喪失し、メルトダウンが引き起こされた結果、放射性物質が海や大地に撒き散らされることとなったのはご存知の通りだ。

この未曾有の災害を語る際に「想定外」という言葉が多く使われたが、これもネパールで私が目の当たりにした雪崩と同じで、確かにこの津波を正確に予測することが難しいのは紛れもない事実だが、決してこれは「想定外」ではなかった。

私たちの先人たちがさまざまな形で「警告」をしていたことが、その動かぬ証拠である。例えば、三陸地方では昔から、「津波来たら命てんでんこ」という言い伝えがあった。これは津波が来たら取るものも取りあえず、家族や友人などの安否確認などもせず、とにかく各自がバラバラで高台に逃げろ、という教えである。

なぜこのような戒めのような言葉が語り継がれたのかというと、これまでこの地方は津波に幾度となく襲われ、そこで多くの人たちが犠牲になっていたからだ。

大切な人たちを失い悲しみに暮れる人々は、自分たちの子孫に同じような悲しみを味合わせたくないということで、津波の被害は十分に予想ができる危機であって、常日ごろから備え、適切に対処をすれば命が助かるということを伝えているのだ。それは言い換えれば、津波を「想定外」で片づけてはいけないという、先人からのメッセージでもあるのだ。

＊

また、このような先人の知恵については、言い伝えからだけではなくても私たちは知ることができる。

その代表的な存在が、仙台市若林区にある浪分《なみわけ》神社だ。この祭神は「浪分大明神」。この名前からもわかるように、この神社は津波と非常に深い関係がある。

慶長一六（一六一一）年に発生した慶長三陸地震の際にも、この地には津波によって甚大な被害がもたらされたのだが、その時に、津波が二つに分かれて水が引いた場所こそが、浪分神社だというのだ。これは、この神社ができてから津波が起きるたびに、海の神が白馬に乗って現われて、それを南北二つに分断して鎮めたという伝承があるからだ。

そして、東日本大震災でもその伝承通りのことが起きた。海抜約五メートルで海岸からの直線距離は五・五キロというロケーションであるにも関わらず、浪分神社には津波は押し寄せなかったのである。津波がどこまで押し寄せ、どこからどこまでが安全エリアだという詳細な言い伝えはなくとも、浪分神社というランドマークによって、安全の基準を後世に示しているのだ。

実際に、この時代を超えたメッセージを読み取ることで、未然に「危機」を防ぐことができた人たちがいるのだ。

それが、岩手県宮古市姉吉地区である。ここでは明治二十九年、昭和八年という二度の三陸海岸大津波によって、多くの住民の命が失われた。この悲しい記憶を後世に残すよう、津波に襲われた場所にこんな石碑を建立した。

「高き住居は児孫の和楽　想へ惨禍の大津浪　此処より下に家を建てるな」

東日本大震災の時にこの地区では全住居無事だったのは、この先人たちのメッセージを真摯に受け止めて、津波という危機を事前に予測していたからなのだ。

＊

では、このような古代からの伝承、神社、石碑という先人からのメッセージは、現代に生きる私たちに何を伝えているのか。歴史学や民俗学の見地からはさまざまな考えた方があるだろうが、私のような危機管理のプロの解釈では、このひと言に尽きる。

危機を「想定外」という言葉で片づけるな――。

本章の冒頭で申し上げたように、世の中で「想定外」と言われるような事故やアクシデントなどのほぼ九割というものは、用心深く観察をして、想像力を働かせることができれば、事前に万全の備えをしたりして、危機を回避できたものが多い。

しかし、実際に危機が発生して、それで甚大な被害を受けた人たちがいると、そのような事実から私たちはつい目を背けがちだ。予見できたのなら、なぜ事故は防げなかったのか。想定外じゃないということは、危機を避けられなかった人たちに落ち度があるということか。そうした犯人探しや、「被害者」をさらに追いつめる事態へと発展してしまうからだ。

ネパールの山小屋の雪崩も、東日本大震災の津波でも、あの現場にいた人たちが事前にあのような悲劇が起きることを予見することは非常に難しかったのは間違いない。ただ、まったくの「想定外」かというと、そうではなかった。この目を背けがちな事実に向き合って、その悲劇を教訓として真摯に受け止めて、同様の危機を繰り返さないことが重要だ。

それが「危機管理」というものなのだ。

これは事故や災害だけではない。私が講演でよく尋ねられる、ビジネスにおける危機でもまったく同じである。不祥事、不正、ミス、ヒューマン・エラー、商談の失敗などなど、こうした事態が発生すると、どうしても人は「想定外」という言葉で片づけてしまいがちだが、私から言わせれば、それは「甘え」である。

「想定外」という言葉は自分たちを正当化させているだけで、正確には「危機管理が未熟だった」ということなのだ。

ビジネスの世界で危機を避けるテクニックを身につけていくには、まずはこの本質を肝に命じていただく必要があるのだ。

CASE

6

北アルプス・剱岳八ツ峰　豪雪遭難事故

「正常性バイアス」の危険性

「想定外」とは甘えである。危機の九割は予見ができる。

長年、標高八〇〇〇メートルという「死の地帯」に足を踏み入れても、これまで五体満足で無事に生還できた私が辿り着いた結論だが、言葉にするのと、実際にそれを実行に移すというのは大違いで、これを現場で実践させるのは並大抵のことではない。

「想定外の事故」や「想定外の災害」という言葉が溢れていることからもわかるように、「危機の予見は難しい」という方が世の中では「常識」なのだ。

なぜそうなってしまうのか。これまでの私の経験から言わせていただくと、「正常性バイアス」によるところが大きい。

これは災害心理学などの世界でよく用いられる認知バイアスの一種で、災害や事故、あるいは事件などに巻き込まれてしまった人が「自分は大丈夫だろう」「そこまで危険じゃない」と、自分に都合のよいように物事を解釈してしまうという心理作用である。

正常性バイアスが働くと、人は都合の悪い情報、ネガティブな情報から目を背けて、危険な状況にあるにもかかわらず、自分だけは大丈夫だと根拠ゼロの楽観的思考にとらわれて、目の前で起きている危機を過小評価してしまう。

東日本大震災の津波で亡くなった方たちの中には一度は高台まで避難したものの、「もう大丈夫だろう」と自宅などにお金を取りに戻ったところで被害に遭ってしまったという方も多かった。こうした行動を取ってしまう方が多いのは、「正常性バイアス」によるものとされている。

＊

私は、この「正常性バイアス」というものが、本来であれば予見できたはずの「危機」を、「想定外の危機」にしてしまう最大の原因ではないかと考えている。

なぜかというと、私自身も若かったころ、「正常性バイアス」にとらわれてしまい、予見できたはずの危機に自ら突っ込んでしまったという苦い経験があるからだ。

あれは、一九八九年の年末から正月にかけてのことだった。私は三人の仲間たちとともに、富山県にある劔岳（標高二九九九メートル）の八ツ峰にいた。

ここは冬の雪稜ルートとしては、そのスケールの大きさから第一級のルートとして知られる魅力的な山域だ。

この山で、私は文字通り「遭難」をした。三人の仲間たちもそれなりの経験を積んだベテラン登山家であったが、私たちは八ツ峰で凄まじい吹雪に見舞われてしまい、にっちもさっちもいかなくなって立ち往生をした。これ以上、自力で下山を試みても、甚大な被害を引き起こすだけだ。そう判断した私たちは、レスキュー・ヘリに救助を依頼して、ワイヤで一人ずつ釣り上げてもらって、この窮地を脱した。

要するに、ギブアップをしたのだ。

凄まじい吹雪の原因は当時、日本列島を襲っていた「二つ玉低気圧」である。これは文字通り、二つの低気圧が発生するという現象で、日本海側と太平洋側から日本列島を挟み込むもので、一般的には大気の状態が非常に不安定になり、強風や激しい雷雨を引き起こす。ただ、時にはこの二つの低気圧がひとつにまとまって、大雪をもたらす「爆弾低気圧」の原因となることもある。

私たちが八ツ峰にいた時、まさにこの「爆弾低気圧」が猛威を振るっていた最中だったのだ。

＊

このような説明を聞くと、もしかしたら皆さんはこんなふうに受け取ってくれるかもしれない。

「ああ、爆弾低気圧の大雪ならば、遭難をしてしまうのも仕方がない」「どんな危機管理に長けた登山家であっても、やはり大自然の猛威の前には無力なのだな」

予想をはるかに上回る大雪に見舞われて、冬の八ツ峰で遭難――。そのように解釈をするのではないか。確かに、そうした見方をされるのも当然で、もし仮に私たちが還らぬ人となっていたとしたら、マスコミなどは「二つ玉低気圧が要因の気象遭難」として報じていただろうし、山岳遭難史にもそう記録されただろう。

だが、実際にこの危機の渦中にいた私からすれば、この遭難は「二つ玉低気圧」とはまったく関係がない。「気象遭難」などではなく、私たちの判断ミスが引き起こした「人災」である。

実は山の世界に生きる人たちからすれば、「二つ玉低気圧」が通過する時の登山が自殺行為だというのは、誰もが知っている「常識」なのだ。

先ほど申し上げたように、この気圧配置は広範囲に荒天をもたらすのだが、それよりも恐ろしいのが、「擬似晴天」である。低気圧と低気圧の間は、まるで大型台風の「台風の目」に入った時のように一時的に快晴となる。そこで、登山者は天候が回復したと油断したところ、すぐに再び悪天候に見舞われるので、遭難を引き起こす。自然と対峙する人間にとって、この低気圧は「悪魔」と呼んでも差し支えない危険な存在なのだ。

実際に、「二つ玉低気圧」の「擬似晴天」に騙されて、山に登ったり、海に漁に出かけたりしたことで、事故や遭難に見舞われるという被害がこれまで数え切れないほど起きている。

その中でもあまりにも有名なのが、一九六三年の正月に起きた、愛知大学山岳部の薬師岳遭難事故である。これは二つ玉低気圧がまさしく日本付近を通過中の擬似晴天下で起きた悲劇で、十三人の尊い命が失われた。

＊

当然、私も先人たちが見舞われたこの悲劇は知っていた。そして、日本列島に「二つ玉低気圧」が来ていることも予見できた。

予備知識もあって、危機の予兆も把握していた。普通に考えれば危機を回避することは十分にできた。実際、同じタイミングで八ツ峰を目指していた他の登山パーティは中止という判断を下している。

にも関わらず、なぜ私たちは八ツ峰に登って、そこでヘリに救助を要請するような事態になってしまったのかというと、「これくらいの二つ玉低気圧ならば、そこまで深刻な状況にならない、大丈夫だ」と自分たちに都合のいいような状況判断をして、危機を過小評価したからだ。もうおわかりだろう、「正常性バイアス」が働いたのである。

私たちが遭難をした原因は確かに、二つ玉低気圧がもたらした荒天だ。が、この状況を引き起こした原因というのは、私たちの「自分たちだけは大丈夫だろう」という楽観視、甘えである。

言うなれば、「これより下に家を建ててはいけない」「津波来たら命てんでんこ」という先人のアドバイスを無視して悲劇に見舞われるのと同様に、二つ玉低気圧による荒天で亡くなった先人たちのメッセージを真摯に受け止めなかったことが、最大の原因なのだ。

だから私はこの遭難について人から尋ねられても、これまで絶対に「想定外」や「気象遭難」などという言葉を使ってこなかった。

「小西さんほどの登山家でも立ち往生をしてしまうほど、あの年の二つ玉低気圧は凄まじかったんですね」

そんなふうに「想定外」の方向へと水を向けてくれる人もいるが、私は必ずこのように断言をする。

「いや、ああなることは予見できました。あれは気象遭難ではなく、われわれの判断ミスです」

自然災害にも見られる危機の過小評価

私自身もこのように「正常性バイアス」にとらわれて、遭難をしたという苦い経験がある。「九割の危機は予兆できる」ということが、理屈としては正しくても、それを実践することが非常に難しいということを身に染みてよくわかっている。

だからこそ、「正常性バイアス」の支配から逃れ、「想定外」という甘えを捨て、危機の予兆に対して真摯に向き合わなければならないと、その必要性を強く感じるのだ。

「自分は大丈夫」「これまで問題なかったのだから今回も平気だろう」。そういう危機の過小評価は、すべて自分にはね返ってきてしまう。

わかりやすいのが、二〇一八年七月の西日本豪雨の水害である。四分の一が冠水して死者五十人を出した、岡山県倉敷市真備町地区は、実は歴史的にも何度も浸水被害に遭ってきた。その事実は古文書にも記されているが、町の古老たちも言い伝えでわかっていた。また、一九七〇年代にも浸水被害があったので、体験者も多くいた。

つまり危機の予見がされていた地区だったのだ。実際、二〇一六年に作成された「洪水・土砂災害ハザードマップ」で想定された浸水区域は、今回の浸水した区域とほぼ同じで、「二日間で二二五ミリ」の雨が降った場合、地域の大半が「二階の軒下以上まで浸水する」(五・〇メートル以上)と想定されていた。

にも関わらず、亡くなった人の多くは、避難指示を受けても逃げず、九割が自宅に居続けて亡くなっている。

これも正常性バイアスの影響である。

*

例えば、四十五年前にこの地区に家を購入して移り住んだ人は、マスコミの取材に対して、このように述べている。
「倉敷市まで車で通勤できて、土地は手ごろな価格だった。小田川から二キロほど離れた土地に家を建てた際、その前年に洪水があったことは聞いていたが、地元の議員や長老が水害の危険性について警告を始めるまで、それほど気にはしなかった」（ロイター二〇一八年七月十六日）
また、避難指示の放送を聞いていたものの、避難をしないで自宅にとどまり、二階に取り残されているところをレスキュー隊に救助された八十歳の女性は、
「隣人も避難する車に同乗するよう声を掛けてくれたが『こんなに水が来るとは思わんかった』。避難せず、二階に取り残されていたところを消防隊員にボートで救助され、『甘かった』と反省する。」（日本経済新聞二〇一八年七月十一日）
実はこの女性はハザードマップをご覧になっていなかったが、一九七〇年代の浸水を経験しており、自宅の土台を高くする改築をしたという。つまり、「危機」を認識して予見までしていたが、ここまで深刻な被害を及ぼすとは考えていなかったのだ。
つまり、この女性からすれば、浸水することまでは「想定内」だったが、ここまで深刻な被害をもたらすというのは「想定外」だったのだ。

自分の命や財産に直結するような自然災害でさえも、このような「正常性バイアス」によって状況判断を誤り、大きな危機を引き起こしてしまうのだ。

それを踏まえれば、命までが奪われるわけではないビジネスなど私たちの日常生活において、自分に都合のいいように恣意的にリスク評価を行なう「正常性バイアス」が溢れているということは容易に想像できよう。

津波被害に象徴される「正常性バイアス」

だからこそ、「危機管理」というものが必要となってくる。

人間は何もしなければ「自分だけは大丈夫」「これまでも問題がなかったのだから、今回も問題はないはずだ」という正常性バイアスの罠に必ず陥ってしまう。

山の世界で私自身も経験したし、経験豊富なベテラン・クライマーでさえもこの罠にハマってしまうことが多々ある。普通に考えればあり得ない、なぜ彼のようなプロがそんな軽率な行動を取ったのかという「想定外」の事故や遭難というのは、この正常性バイアスが大きな影響を与えているのは明白だ。

危機管理のプロを自負する人たちでも容易に実践することができない。ただ、だからと言って、「無理だ」と諦めてしまったら元も子もないので、これを勘や経験則という個々の感覚的なノウハウではなく、誰もが実践できるように習慣づけさせる。それが「危機管理」であり、私がこの本をまとめようとした最大の理由である。

では、危機管理の上では、この正常性バイアスをどう克服するべきか。私として皆さんにアドバイスができるのは、次のひと言に尽きる。

常に「最悪」を想定せよ。

繰り返すが、人間はどうしても自分に都合のいいように「危機」を考えようとする。この場所はこれまで雪崩が起きなかったので、これからも安全だ。過去に何度か浸水はしているが、命を奪われるほどの甚大な被害をもたらすわけはない。

そのように危機を過小評価するのが自然なのだ。だから、これにブレーキをかけるには、その逆をやってバランスを取るしかない。つまり、自分の想像をフルに働かせて、考え得るだけの「最悪」を想定することで、楽観的に偏りすぎた危機意識をフラットに引き戻すのだ。

理屈としてはわかるが、実践をするのはなんだか難しそうだと思うかもしれないので、正常性バイアスが働いた典型的なケースである、東日本大震災の福島第一原発事故を例に説明しよう。

ご存知のように、東京電力はあの事故について、「史上まれにみる大きな津波により、電源喪失の状態となり、冷却機能が失われた」と説明をしている。要は、「想定外」だったというのだ。

ただ、これを一部のマスコミは十分に予見できたと批判。住民の方の中にも予見できたとして、集団訴訟にまで発展をしている。互いの主張については司法の判断なので、私がとやかく言うことではないが、危機管理のプロとしてはこれまで述べてきたように、「想定外」というのは甘えた言い訳にすぎない、というのが印象だ。

私が先ほど申し上げた「最悪」を想定する、という危機管理のメソッドが機能していたら、おそらくこの事故は防ぐことができた、あるいはもっとダメージを抑えることができたはずだ。

国がマスコミに開示した文書によると、一九九七年時点で、東電をはじめとする電力業界が、

*

各原発を襲うかもしれない津波の詳細な計算をしていたことがわかっている。

一九九三年、北海道南西沖地震による津波で北海道・奥尻島が大きな被害を受けたことを踏まえて、原子力施策としても想定し得る最大規模の地震で生じる津波の数値解析をして、海岸の保全施設の安全性を検証しようとしたのだ。

ここまでは危機管理としては非常に真っ当であり、非の打ち所もない。だが、問題はこの後だ。

この報告書の付属資料によれば、太平洋沿岸部の市町村別に「想定津波」の高さの平均値が割り出されており、福島第一原発がある福島県の大熊町は六・四メートル、双葉町は六・八メートルとなっている。ここで注意しなければいけないのは、これがあくまで真ん中を取った「平均値」だということだ。平均的な危機に備えても、それを上回る危機が来る確率がかなり高いのだから、対処できるわけがない。朝日新聞のエネルギー・環境担当記者がこの問題を以下のように指摘している。

「当時、津波の高さの数値解析の精度には誤差があるため、半分〜二倍の違いが出るとされていた。そうすると、たとえば、敷地が海抜一〇メートルの高さにある福島第一原発一〜四号機は津波に余裕がないことになってしまう」（ｗｅｂ論座二〇一五年十月二十日）

＊

だが、この「想定」は小さく見積もられた。浸水しても、そこまで甚大な被害はもたらさないだろうと危機を過小評価してしまった真備町地区の住人のように、東京電力もこの津波リスクを、自分に都合のいいように過小評価してしまう。

事故直後の「福島第一原発を襲った津波、高さ一四～一五メートル　想定の三倍」（日本経済新聞二〇一一年四月九日）という記事からも、彼らが「最悪」から目を背けて、いかにリスクを低く見積もっていたかがわかる。

「土木学会の津波の評価指針に基づいて津波の高さを想定。福島第一原発に到達する波の高さを五・七メートルとして原発を設計していたが、震災に伴う津波は約三倍の高さに到達していたことになる」

ここまで言えば、もう何を主張したいのかおわかりだろう。もし一九九〇年代の危機を予見した時点で、東京電力が自主的に「最悪」というものを想定すれば、福島第一原発を襲う津波は一三メートル級のものが来る恐れもあるという結論に至る。

それに見合うだけの津波対策や危機管理がなされたはずだ。しかし、現実はそうしなかった。

「そんなに大きな津波は来るはずがない」という正常性バイアスによって、リスクを過小評価する方向へ流れてしまったのである。

そしてこのような危機管理の誤りがあったのは明白だが、さらに追い打ちをかけるように、「自分たちはちゃんとやっている」「間違ったことはしていない」という正常性バイアスが働いて、一九九〇年代に最悪として想定された一三メートルとそれほど変わらない今回の津波を「想定外」だという釈明に終始したのだ。

＊

ただ少し東京電力を擁護しておくと、「想定外」の事故に遭遇した人たちが、決して危機を舐めていたわけではないのと同様で、安全に関して手を抜こうなどと思ったわけではない。彼らにも彼らなりの安全基準と、国が定めたガイドラインに沿って、しっかりと原発を運営していたという自負があったのは明白だ。

ただ、私に言わせれば、それは「ルールを守っている」というだけに過ぎず、「危機管理」というものとはかけ離れている。

先ほども申し上げたように、危機管理というものは、考えられ得る「最悪」を念頭に置いて、ありとあらゆるリスク・シナリオを検証して、それの危険性を先回りして、一二〇パーセントの準備をしておくことだ。

福島第一原発はルール通りに運行されていたかもしれないが、「最悪」はまったく想定していなかった。究極の危機管理が求められる原子力施設として、やはりこれは重大な欠陥と言わざるを得ない。

この「最悪」を想定するというのは、事故や災害だけではなく、ビジネスなどでも絶対に必要となってくる。

例えば、今はうまく商談が進んで良好の関係だが、何かのきっかけで関係が急速に悪化をした場合、どのようにリカバリーをするべきか。次にどんな一手を打つべきか。「最悪」というものを常に想定して、一歩、二歩先を読んでその準備をしていれば、不測の事態が起きてもダメージを最小限に抑えることができる、というのは言うまでもあるまい。

このような話をすると、「最悪を想定していろいろ準備をしていて何も起こらなかったら、すべて取り越し苦労で終わってムダになる」というような反論をする人がいるが、危機に備えてさまざまな努力をすることは決してムダにはならない。

むしろ、さまざまな「最悪」を想定するということが日常的に習慣になった人間は、普段から用心深くなるし、危機を意識して生きているので、楽観的に生きている正常性バイアスに支配された人よりも、圧倒的に問題解決能力が高い傾向にある。

このような危機管理の達人になるためにも、まずはどんな苦しい状況に追いやられても、「想定外」という言い訳を使わない、と心に決めることから始めてみてはいかがだろうか。

第四章

「平常心」を失った時点で「死」に近づく

CHAPTER

4

CASE

7

ヒマラヤ・未踏峰　クレバス落下事故

「事前準備」の重要性

「危機管理」というものの究極の目的は、「未然に危機を防ぐ」ことにあるという点に異論を挟む方はいないのではないだろうか。

起きてしまった事故に対して、どんなに適切な状況判断を行ない、どんなにうまく立ち回って致命的な被害を被ることを回避できたとしても、「事故が起きなかった」というベストのシナリオに勝るものはない。

厳しいように聞こえるかもしれないが、「事故が起きた」という時点で「危機管理」としては「成功」とは言い難い。つまり、危機管理が目指すべき究極の姿は、「何も起こらない」という状態をキープし続けることなのである。

では、どうすれば「何も起こらない」という状態を作り出すのかというと、危機の芽を察知して事前にそれを握りつぶすことに尽きる。言うなれば、「予防・回避」の徹底だ。

事故につながるあらゆるリスクを事前に洗い出して、その危険度を評価して徹底的に備える。そして、もしリスクの兆候が現われれば、それをいち早く察知して、そのリスクが拡大しないように封じ込めを行なう。そのようにリスクを徹底的に管理下に置こうということで、「リスク・マネジメント」（危機管理）と呼ばれるのだ。


そこで読者の皆さんが知りたいと思うのは、リスクをマネジメントするために具体的に何をすればいいのかということだろう。

これまでの私の経験から言わせていただくと、それは「事前準備」にすべて集約されるといっていい。

登山における「事前準備」の重要性については、ある程度の経験をお持ちのクライマーならばわかっていただけることだろう。

どのようなルートを登るのか。この季節にはどのようなリスクがあるのか。もし天候が荒れた場合は、どんな事態が起こり得るのか。そして、最悪の状況に陥った際にどのような手段を用いて生還をするのか。

ありとあらゆるシナリオを想定して、それを回避するにはどうすればいいのかを徹底的に検討する。そして、もしもアクシデントが起きた場合、どのような対処方法を取るべきかというシミュレーションを繰り返していく。

登山の危機管理とは、「事前準備」にほかならない。そのように断言しても差し支えないだろう。

事実、私が長年チャレンジしてきた「無酸素登頂」も然りで、「事前準備」によって成否が決まると言ってもいいくらいだ。

多くの人たちは、「無酸素登頂」と聞くと、過酷な環境下で、限界を超えた力を発揮するような肉体や精神の力が大切だと思っている。もちろん、そうした点は否定しないが、ではそのような限界を超えた力を発揮するには何が必要なのかというと、ほかでもない「事前準備」だ。どんな状況でも力を発揮できるよう、日ごろからさまざまな状況を想定したトレーニングをしていなければいけない。

また、標高八〇〇〇メートルという高度は、酸素も平地の三分の一という「死の地帯」である。ちょっとした判断の誤りが大事故を招く過酷な環境だからこそ、登頂する前には、ありとあらゆる「最悪」を想定したシナリオを頭に叩き込み、「最悪」を回避するようなシミュレーションを繰り返し、繰り返し行なわなくてはいけない。

このような「事前準備」を怠っていたら、私はこうして五体満足で本を書いていることもなかっただろう。つまり、登山における「危機管理」というのは、実は山に足を踏み入れるはるか以前の「備え」の段階が極めて重要なのである。

＊

そこで次に問題になるのは、一体どのように「備え」を行なえばいいのかということだろうが、鍵を握るのは、「予兆」を読み取る力である。

私たちは未来を見通すことはできない。しかし、「近い未来に起こるかもしれない危機」のシグナルを見逃すことなく、そのわずかな兆候から、起こるであろうアクシデントを予想することはできる。そのようなわずかな予兆を察知すれば、それを回避するためのさまざまな備えをすることができる。つまり、事前準備によって、「近い未来に起こるかもしれない危機」を回避することができるのだ。

このような「予兆」を読み取ることができるのは、「危機」を想定して備えを万全とすることで「危機」を回避することができる人間である。

登山家ならば、五体満足で無事に生還をすることができるし、アスリートなどの勝負の世界に生きる人の場合、アクシデントや故障を回避して結果を出すことができるのだ。また、ビジネスの世界でもリスクを回避して成功を収めることができる。

では、この「予兆」を読み取る力とは一体どういうものかというと、正直なところ言葉で説明するのは大変難しい。登山家ならばわかってもらえるだろうが、たとえばヒマラヤなどの過酷な登頂は、登山技術が一流で、体力も精神力も充実しているからといって成功するものではない。非科学的な話に聞こえるかもしれないが、「運」というのももちろん重要で、山から訴えかけられる「何か」を感じ取れる力がなくてはいけない。

何か嫌な予感がする。このまま突っ込んでしまったら命の危険がある。ここは遠回りをした方が安全な気がする――。

第六感ともいうこのようなインスピレーションによって、事故や遭難を回避できたという話は山の世界では枚挙にいとまがない。そのため、山で生死の境を彷徨《さまよ》った人間は、危機のシグナルに極めて敏感である。普通の人間ならば、まったく気にならないちょっとした異変が気にかかり、その背景にある「何か」を感じ取ることができてしまうのだ。

「らしくない発言」への違和感

いったいどういうことかをわかっていただくため、ヒマラヤの未踏峰で若くして命を亡くした、ある一流クライマーのケースを例に出そう。

彼のことを私は自分の弟のように可愛がっていたので、読者諸兄のお役に立てるためとはいえ、そのまま本名を公表することにはかなり抵抗がある。また、大切な家族を失ったご遺族の心の傷を蒸し返してしまう恐れもあるので、ここでは彼とだけ呼ばせていただく。

彼はある名門大学山岳部出身で、山の世界に生きる者なら誰もがその名を知っていた。縁があって親交を深めることになった私も、その前から評判は聞いていた。間違いなく、一流の技術と精神力をもつクライマーだったと言える。

その彼からある日、呼び出されて、池袋の喫茶店で会うことになった。聞けば、近くヒマラヤの未踏峰に挑戦をするという報告だった。山の世界に生きる人間からすれば、素直に羨ましい話である。

「気をつけて、頑張ってくれ」

そんな激励の言葉をかける私に、ほどなくして彼は意外なことを言い始めた。

「小西さんは怖くないんですか？」

最初、私は何を尋ねられているのか、その真意がまったくわからなかった。そこで、いったい何のことかと聞き返すと、ハッキリとこう言ったのだ。

「毎年、八〇〇〇メートル峰に無酸素でトライしているじゃないですか。そういうことをやっていて、怖いと感じたことはないんですか？」

これにはかなり驚いた。彼は、「怖い」という言葉と最も縁の遠い人間だったからだ。一流クライマーの中にもいろいろな種類の人間がいるが、私たちから見ると典型的に「勇敢な男」であり、弱音を吐くようなタイプではない。実際、これまでの付き合いの中でも、かなりイケイケで威勢のよい発言しか聞こえてこなかった。

戸惑いながら、「そりゃ怖くないかと聞かれれば怖いけれど、自分が好きでやっていることだし、俺の生きる道だから」と答えると、彼はそういう精神的な話ではなく、「死の確率」のことだと質問の真意を説明し出した。彼曰く、高所登山の死の確率を一回三パーセントとすると、十回行けば理論上は三〇パーセントに確率は上がる。つまり、私たちのような登山家は、山に行けば行くほど、死に近づくということになる。そのあたりのリスクについて、私はどう考えているのかというのだ。

率直なところを言うと、私はそんな考え方をしたことがなかった。もちろん、自分自身の意志で八〇〇〇メートル峰へ向かっているので、常に「死」という最悪の事態を想定しているが、それは先ほども申し上げたように、回避する「事前準備」のためである。宝くじやロシアン・ルーレットのように、山に足を運ぶたびに自分の意志とは関係なく「死」が近づいてくるというような発想ではない。事実、歴史に名を残すスーパー・クライマーたちは、何十回も危険な山に足を踏み入れて生還している一方で、たった一回のチャレンジで悲劇に見舞われる登山家もいる。

そのような「確率論」を超越したクライマーになりたい、ということで私は日々のトレーニングをして、無酸素登頂に挑んでいるのだ。そんな趣旨のことを話したが、彼は「そうですかね」と首を傾げて、納得がいかない様子だった。

その後、話題は変わって、彼とはさまざまな意見交換や情報交換をして喫茶店を出た。帰国したら、また会おう。そんな約束を交わして別れたわけだが、私は立ち去っていく彼の背中を見つめて、非常に嫌な予感がしていた。

原因は「小西さんは怖くないんですか」というあの言葉である。まず真っ先に私の頭をよぎったのは、「いつもとは違う」という違和感だ。

先ほど申し上げたように、彼は、恐れなど口にしない勇猛果敢なクライマーだ。そんな男が「らしくない発言」をする。一般の方たちからすれば、「人間なんだからそういうこともあるのでは」と思うかもしれないが、私のような人間には実は立派な「危機のシグナル」なのだ。

標高八〇〇〇メートルなどの極限状態ではもちろんだが、厳しい環境下で鍛え上げた百戦錬磨のクライマーでさえ、正気を保てなくなる。平地ならば、絶対にしないような誤った状況判断をしてしまう。平時ならば、絶対にしないようなミスをしてしまう。それが山の恐ろしさなのである。

こういう世界で生き抜くためには、「いつもと同じ」ということが極めて重要だ。いつものように冷静に判断ができる、いつものような高い技術を発揮する、など「いつもと同じ」ことを、過酷な状況下で行なえるかが生死を分ける。そんな経験を何度もしてきた私からすれば、「らしくない発言」「らしくない行動」は危険の予兆以外の何ものでもないのだ。

もし一緒に頂上を目指しているパーティの中に「らしくない発言」「らしくない行動」が見られたら、私はそれを致命的な事故を引き起こしかねない「危機の予兆」としてとらえる。進めようとしていた計画の見直しはもちろんのこと、「危機」を回避すべくありとあらゆる策を講じることだろう。

そういう意味では、一流クライマーである彼が、さまざまな困難が待ち受けているであろう未踏峰の山へとチャレンジする直前、「怖くないですか」という「らしくない発言」をしたというのは、危機管理の点から見れば極めて重大なシグナルなのだ。

「いつもと違う」異変に注意せよ

そこに加えて、私がもうひとつ気になっていたのは、「山」というものに対する姿勢である。

彼は典型的な恐れ知らずの勇敢な男なので、「山の怖さ」を口にしたことが「いつもと違う異変」として私には感じられた。誤解をしていただきたくないのは、恐怖を感じてはいけない、ということではないということだ。

恐怖というものは誰でも持っている。というより、「怖い」という感情があるからこそ人は「危機」を回避しようとするのであって、「恐怖」は危機管理においても極めて大事なファクターとなっている。ただ、恐怖というものに心がとらわれてしまうことは絶対に避けなくてはいけない。

心が後ろ向きになってしまうということなので、平常心ではなくなってしまう。心が乱れると、適切な事前準備、適切な状況判断ができない。つまり、「危機」を回避できなくなる恐れがあるのだ。

もし私が標高八〇〇〇メートル峰を「無酸素」で挑む直前に、自分の口から「山の怖さ」についての言葉が出たら、どうだろう。

極めて難しい判断ではあるが、私は登頂を断念するだろう。無酸素登頂は一瞬の判断ミスが大事故につながる。山に対して後ろ向きな心で乗り切れるような甘いものではないからだ。

なぜ彼の心は、出発直前にあんなに後ろ向きになってしまったのか。そんな疑問が、彼と別れてからもいつまでたっても私の頭からこびりついて離れなかった。そして、そのわずか三週間後のことである。

彼が頂上直下の七〇〇〇メートル地点で亡くなってしまったのだ。雪に覆われて隠れていたクレバス、いわゆるヒドン・クレバスに転落してしまったのである。

＊

前章でも述べたが、ヒドン・クレバスというのは、これまでも多くのベテラン・クライマーたちの命を飲み込んできた。ゆえに、登山家たちはそのような危険がある場所では、必ず「アンザイレン」をする。メンバーが安全のために互いにザイルで身体を結び合うことだ。こうしていれば、もし誰か一人がヒドン・クレバスに足を踏み入れてしまったとしても、ほかの仲間が持ちこたえて、落下することを防ぐことができる。

トップのクライマーが進む間は、セカンドの仲間がビレイ（確保）をする。もしトップが落下することがあっても、セカンドが持ちこたえてくれる。そして次はトップがセカンドになってビレイ。セカンドだった仲間がトップとして先に進む。このようにシャクトリムシのような動きで、安全を確保しながら岩壁などを登っていくのがクライマーの基本なのだ。

一緒にいた登山隊の仲間に後で話を聞いたところ、その日は快晴だったという。頂上を目指して、雪稜にトレースを順調に刻んでいた。当然どこにヒドン・クレバスが潜んでいるかわからないので、アンザイレンはしていた。

悲劇が起きたのは、セカンドを務めていた彼が、トップに交代する時だったという。アンザイレンしていたザイルを外して、トップの背後につこうとした。次の瞬間、小さな声とともにその姿は消えていたという。

私はその場にいたわけではないので詳しい状況はわからない。ヒドン・クレバスの危険を誰よりもよくわかっている彼ほど経験豊富なクライマーが、なぜ一瞬とはいえザイルを外してしまったのか。今となっては彼にしかわからないことだ。

その場にいたわけでもない部外者が、特殊な状況下での事故についてああだこうだと述べることがいかに無責任であり、ご遺族や友人たちにとっても心の傷になってしまうということを、私はこれまで多くの山の仲間たちを失う中で何度も目の当たりにしてきた。

そこで、この事故についてのこれ以上詳細な言及や分析はさし控えたいと思う。ただ、出発の直前、彼はこれまで私が決して耳にしたことがないような「らしくない発言」をしたのである。そして、その三週間後に、還らぬ人となったというのは動かしがたい事実である。

そして、このような事故の前に、「なにかおかしい」「いつもと違う」という、虫の知らせともいう「異変」があったということは、山の世界では決して珍しい話ではないのだ。

本書は、危機管理の重要さを一人でも多くの方に知っていただき、登山に限らず、不測の事故や人的被害が出ることを回避していただくことを趣旨としている。

このような微《かす》かな異変を、「危機の兆候」ととらえるか、それとも単なる「偶然」ととらえるかは、個々の判断にお任せしたいが、私自身は、そこに危機管理というものの本質が潜んでいると信じている。

第五章

CHAPTER

5

「微かな異変」を見逃すな

CASE

8

ネパール・エベレスト　巨大雪崩事故

生涯のパートナーと、危機の予兆

突然だが、読者の皆さんは「地球意識プロジェクト」というのを聞いたことがあるだろうか。

この宇宙の成り立ちでもある量子を利用して、その雑音を数字に変換する乱数発生器という装置があるのだが、実はこれがオリンピックなど人々が熱狂をする巨大イベントなどの際、大きく乱れることがわかっている。つまり、人間の「意識の力」によって、なんらかの影響を受けているのだ。

この謎を解き明かそうと、プリンストン大学工学部のロジャー・ネルソン教授が中心となって全世界でさまざまな機関が協力しているのが、「地球意識プロジェクト」で、日本では明治大学が協力している。

そんな世界的な実験で興味深い結果が出た。二〇〇一年九月十一日のアメリカ同時多発テロの十一日前から、この乱数発生器が大きく反応していたというのだ。

もちろん、実験をしている段階なので、これが何を示すのかはわかっていない。だが、世界中を恐怖と驚きに包んだあの「未曾有の危機」が起きることを、私たち人間が無意識に察知していたとしても、私は何も驚きを感じない。むしろ、当然だと思っている。

類人猿から人類に進化して、文明社会へと至るまで、私たちはさまざまな「危機」に直面してきた。大型肉食動物のような捕食者に捕まって食べられることもあった。獲物を追いかけて崖から落ちて即死することもあった。冬の寒さの中で凍死してしまうこともあっただろう。

そのような「危機」を未然に回避するのは、当然、「危機管理能力」というものが鋭く研ぎ澄まされていなければならない。その中の一環として、迫りくる「危機」の予兆を未然に察知する能力があっても、なんらおかしくはないからだ。

*

そんな非科学的な話は信じられないと言う人もいるが、ちょっと冷静に考えていただきたい。

例えば、野生動物は大地震や火山噴火の予兆を察知して集団で逃げたりすることが知られている。彼らの「野性の勘」がそうさせているのだが、あれを「オカルトだ」と否定する人は少ないだろう。

動物にこのような危機を察知する能力があるのに、同じく動物である人類にだけは「ない」と考える方が、はるかに非科学的ではないだろうか。

ただ、何よりも私が「人間は危機が起きることを無意識に察知できるかもしれない」と考えている最大の理由は、動物的な勘で迫りくる「危機」の予兆を感じ取っていたとしか思えないような人間と、実際に出会ったことがあるからだ。

彼の名はロブサン・ザンブー。

ロブサンのことを、私は生涯忘れることはない。エベレストの標高七五〇〇メートル地点。その上の八〇〇〇メートルの斜面から発生した大雪崩で、彼は自分の命を顧みずに私に危険を知らせて、そのまま還らぬ人となったからだ。

今でも時どき、あの凄まじい光景を思い出すことがある。皆さんは雪崩というと、雪が津波のように押し寄せてくるというものをイメージされるかもしれないが、エベレストのこの高度になると、そのような長閑《のどか》なものではない。氷の塊が降ってくるのだ。

例えるのなら、巨大なブロックが空へ舞い上がって、次々と上から降ってくるようなものをイメージしていただきたい。直撃されたら、人間の体など跡形もなくバラバラに砕け散ってしまう。そんな恐ろしいエベレストの大雪崩に遭遇して、私が生き残れたのは間違いなくロブサンのおかげだ。

そんな命の恩人のロブサンだが、実はこの「危機」に直面する前まで「異変」だらけだった。いつもの彼ではあり得ないような言動ばかりだったのである。

あれは一体何だったのだろうとずっと考えてきたが、もし彼が九・一一の前に何かを感じ取った人たちのように、あの巨大雪崩が発生する予兆を察知していたと考えれば、あの「異変」もすべて納得ができるのだ。

＊

どういうことか詳しく説明をしていくため、まずは私とロブサンがどういう関係だったのかということからお話をしていこう。

ロブサンは、ネパール東部に住む山地民族シェルパの男だ。彼らはすでに高地順応をしていることから、私だけではなく世界の登山家がヒマラヤにアタックする際にパートナーに選ぶことで知られている。そのシェルパのリーダーだったロブサンの登山技術は超一流だった。すでにエベレストを三回も無酸素登頂していた。

前出したように、登山家はパートナーによく命を委ねることがある。過酷な登山になればなるほど、極端な話、「こいつとなら死んでしまっても仕方がないか」と思わせるほど信頼できる相手でなくては、パートナーは務まらないのだ。

そういう意味では、ロブサンは非の打ち所のない男だった。もちろん登山家としての腕も確かだが、なによりも人間的に信用できたのだ。

人間的にも非常に魅力的で、なおかつ人懐っこい愛嬌もあって、私は自分の弟のように可愛がり、彼も私を「コニシ・ダイ」（ダイとはネパール語で兄の意味）と呼んでいた。八〇〇〇メートル峰無酸素十四座登頂を目指す私は、彼を「生涯のパートナー」と決めていた。

事実、ロブサンと私は二度にわたって八〇〇〇メートル峰に挑んだ。また、日本人とネパール人二十六名が雪崩で死亡するというヒマラヤ遭難史上に残る最悪の事故で、ともに遺体を回収したこともある。今でも時どき夢で見る地獄のような惨状の現場を、ロブサンとともに励まし合いながら乗り切ったものだ。

ロブサンの「いつもと違う」「あり得ない話」

一九九六年の秋、そんなロブサンと私はエベレストの無酸素登頂に挑戦することとなった。ご存知のように、エベレストは標高八八四八メートルの世界最高峰。ここを無酸素登頂することは、私にとって非常に大きな意味を持つ。パートナーはロブサンしかいなかった。

だが、そんな大一番だったが、ロブサンは明らかに「いつものロブサン」ではなかった。まずびっくりしたのが、ピッケルをカトマンズの自分のアパートに忘れてきたことだ。ピッケルとは、氷雪の登攀には欠かせない登山用具で、これとアイゼンという、金属製の爪がついた靴底に装着する登山用具で、登山家は身を守る。雪山を登る際には必要不可欠なものだ。

それをエベレストに登ろうという前に忘れる。昨日今日、登山を始めたビギナーではない。エベレストを無酸素で三度も登っている一流のクライマーが、だ。

これがどれほど「あり得ない話」なのかということは、例えばフィギュアスケートの羽生結弦《はにゅうゆづる》選手が、ここ一番という大会の前にスケート靴を自宅に忘れてくるようなものだと考えていただきたい。いや、スケート靴を忘れても死ぬことはないが、こちらの忘れものは「死」に繋がる。

実際、高校時代、先輩たちから「冬山でピッケルを忘れた者は死ぬ」という〝伝説〟をよく聞かされた。「クライマーの魂」とまでは言わないが、そのような〝伝説〟がまことしやかに囁かれるほど、登山家が命を預ける大切な用具だということだ。

ロブサンは、まだ頂上アタックまで時間があるので、自宅から送ってもらって荷物を運ぶポーターにここまで持ってこさせるという。それまでは私の予備のピッケルをロブサンに貸すことにした。

結局、ロブサンの言う通り、ピッケルは彼の手元へ届けられた。しかし、ピッケルを忘れるシェルパなど、後にも先にも私は聞いたことがなかった。ロブサンは何かおかしいぞ――。そんなふうに思ったが、この時はまさか、昔耳にした〝伝説〟が現実のものになるなど、夢にも思わなかった。

＊

ロブサンの「いつもと違う」は、それだけではなかった。

山に登ってみれば、そこでの技術、体力はさすが一流クライマーというべきで、なんの不安もなかった。私たちは順調に高所順応を行ない、着々と計画を進めて登山開始から二週間後に七四〇〇メートル地点のキャンプまで辿り着いた。だが、そこで不測の事態が起きてしまう。

エベレストの南西に連なるヌプツェという標高七八二七メートルの山の、七〇〇〇メートル付近でドイツの登山隊の隊員が滑落したのだ。

前章でも述べたが、このような標高での遭難事故の場合、平地からレスキューを送ることはできない。すでに高所順応をしている登山隊がレスキューに当たる。そこで私とロブサンにも声がかかって、急遽、エベレスト登山を中断することになった。

レスキュー自体は一日で終わったが、標高七〇〇〇メートルという空気の薄い世界で、救助活動をした場合の疲労はかなりのものがある。そこで私たちは、六五〇〇メートルのキャンプで一日休養することになった。そこでロブサンが、私にこんなことを言ってきたのだ。

「小西ダイ、体も疲れているし一度ベースキャンプまで戻って、少し休んでから仕切り直さないか」

私は耳を疑った。これまでロブサンからこのような提案は聞いたことがなかったからだ。ロブサンはシェルパの中でも、極めてアグレッシブで強気な男だった。周囲の誰もがそう思っていたし、実際に彼が弱音を吐いたり、弱気なことを言ったりした姿は見たことがなかった。むしろ、もし私が同じようなことを口にしようものなら、「休まなくたって全然大丈夫でしょう。そんな弱気でどうするの」、そう言ってくるようなタイプなのだ。

だからというわけではないが、私はこの提案を却下した。確かに、レスキューで疲れてはいたが、頂上へアタックができないほど疲労困憊していたわけではない。私もロブサンも、もっとハードなコンディションの中で幾度となく登頂をしていた。しかも、天気も悪くない。レスキューで二日も計画が狂ったが、不安要素はない。「いける」というのが私の判断だった。ロブサンは、雇い主である私がそう言うのなら、と特に反対もしなかった。

だが、今思えば、彼が「らしくない発言」をしたのは、これから待ち受ける「危機」を前にして、何か感じるものがあったからではないかと私は信じている。

なぜなら、ここでロブサンの言葉に従ってベースキャンプへ下りていたら、彼はあの凄まじい大雪崩に命を奪われることはなかったからだ。

八〇〇〇メートル地点からの大雪崩

レスキューから三日が経過した、忘れもしない九月二十一日。私とロブサンは標高七五〇〇メートルのローツェ・フェースという斜面を登っていた。

「小西ダイ、ゆっくり登ってきていいよ」

そう言って、ロブサンは私の一〇メートル前方を先行していた。彼のそばには、ほかの登山隊二名もいた。私は頼もしいパートナーの労《ねぎら》いの言葉に安心して、薄い酸素の中で一歩、一歩ゆっくりと足を踏み出していた。前にもお話をしたが、この高さは平地の三分の一程度の酸素しかない。少しでも気を抜けば、事故に直結する場所なのだ。

その時、強い風が吹いたと思ったら、ふいにピッーという音が耳を突く。シェルパたちが合図として使う口笛だ。

顔を上げると、ロブサンが真横に二～三メートル全力疾走していた。目を疑った。標高七五〇〇メートルでは口笛を吹くだけでも重労働だ。そこに加えて、こんなことをすれば自殺行為である。だが、次の瞬間、彼がなぜそんな無茶をしているのかがわかった。私たちのはるか上の、八〇〇〇メートル地点で大雪崩が発生したのだ。

と言っても先ほど説明したように、巨大な雪が斜面を流れてくるなんて悠長なものではない。「氷の塊が飛んでくる」のだ。私は反射的に、目の前のオーバーハングした小さな氷壁に駆け上がってへばりついた。と言うよりも、そうするしかなかったのだ。

「死」という言葉が頭をよぎる。地響きのような音が近づき、頭上からの雪崩が背後を越えて落ちていく。四肢がバラバラに吹き飛ばされるような凄まじい衝撃が、いつ来るかいつ来るかと恐怖に襲われながら、私は無意識に「一、二、三、四……」と数字をカウントしていた。そして、「九」まで数え切ったところで、私は自分が無事であることに改めて気がついた。私が身を隠した氷壁によって、大雪崩の直撃を避けることができたのである。

＊

これはまさに「奇跡」だった。雪崩の中には、信じられないほど大きな氷塊もあった。運がよかったとしか言いようがない。

また、私がたまたまこの氷壁の近くにいたことも大変な幸運だった。もしもう少し離れていれば、ここに辿り着くまでの間で、雪崩が私の体を直撃していたはずだ。

だが、これらの「奇跡」を起こしてくれたのは、ロブサンの口笛であることは言うまでもない。

あの時、私は下を向いて息を整えながら一歩、一歩確かめるように歩いていた。もし彼の口笛がなかったら、大雪崩に気づくのは数秒遅れていた。ということは、氷壁への走り出しも数秒遅れるということなので、凄まじい勢いで落ちてきた雪崩の餌食になっていた可能性が極めて高いのだ。

ロブサンに助けられた——。

雪崩が過ぎ去った静寂の中で、第二波が来ないかしばらく氷壁にへばりついていた私は、ロブサンの身がどうなったのか心配でならなかった。彼は全力で疾走していたが、辺りに身を隠すようなものはなかった。「最悪」が頭をよぎる。

安全を確認した私がハングを避けて氷壁を登ると、上部にはロブサンの姿はおろか、近くにいた二人のクライマーの姿もなかった。一〇〇〇メートルほど下には、私たちを襲った雪崩が大斜面を形成していた。

その後、私は雪崩が止まった斜面まで約一時間かけて下りていき、キャンプから救助に上がってきたほかの登山隊の隊員と合流して、ロブサンたち三人の姿を探し回った。必死の捜索の甲斐あって、ほかの外国隊のクライマー二名の遺体は発見することができた。亡くなったうちの一人は、顔面がそっくり氷塊で削り取られてしまっているという悲惨な状態だった。

しかし、いくら探しても最後までロブサンを見つけることはできなかった。その後、再度捜索をしたが、血まみれのフェースマスクと、数本の髪の毛が見つかっただけだった。

ロブサンの、危機を知らせる口笛

ロブサンの口笛は、二十年以上経過した今も私の心に残り、きっと一生消えることはないだろう。

あの事故を思い出すたびに、私はロブサンがあの大雪崩を心のどこかで察知していたのではないかと考えてしまう。その理由は、私を救ってくれたあの「口笛」である。

想像してほしい。標高七五〇〇メートルというのは、繰り返しになるが、皆さんが想像できないような「死の地帯」だ。酸素が平地の三分の一で、一歩足を踏み出すだけで大変な重労働だ。そんな地獄のような世界で、ふと顔を上げたら、見たこともないような巨大な雪崩が時速数百キロ以上という、信じられないようなスピードで迫ってくるのだ。その悪魔に飲み込まれるまでわずか数秒という時、あなたは瞬時にどのような行動を取るだろうか。

まず、普通の人間ならば恐怖で足がすくんで動けないだろう。恐ろしいスピードで迫ってくる「絶望」に、ただなす術もなく飲み込まれてしまうだろう。

生きる気力のある人ならば、瞬時に自らが助かるために全力疾走をして避難場所を探す。酸素が三分の一とはいえ、そこは「火事場の馬鹿力」である。私もロブサンもそうだった。

だが、信じられないのは、ロブサンがそこで口笛を吹いていることだ。あの薄い酸素の中で全力で走るだけでも超人技なのに、パートナーである私に気づかせるため、口笛を吹いたのだ。

確かに彼は超一流のシェルパなので、雇い主を守るという強いプロ意識が働いたと考えられなくもないが、私はここである仮説を立ててしまう。

彼がためらうことなく口笛で私に警告を発せられたのは、事前に何かしらの「危機」が起きることを予知していたからではないのか、と。

＊

先ほども申し上げたように、この時のロブサンは「いつものロブサン」ではなかった。クライマーの命を守るピッケルを忘れ、普段なら絶対に言わないような「疲れたからベースキャンプで仕切り直そう」というような弱気な発言をしている。

今思えば、ロブサンは「何か」を恐れるあまり、心ここにあらずという状況だったのだ。

最初は疑いだったが、これが確信に変わったのが、事故の後にベースキャンプに戻って、彼の伯父であるシェルパとともに、彼のテントで遺品整理をしている最中に見つけた「お守り」

だった。

山岳民族のシェルパは信心深く、危険な登山の前には必ず立ち寄る村がある。標高四〇〇〇メートル地点にあるその村にはラマの高僧がいて、特別に安全祈願をしてもらう。実は、ロブサンはそのラマの高僧から「今回は危ないから止めろ」と忠告をされていた。

シェルパは、この安全祈願の際にいただいたお守りを肌身離さずつけて、危険な登山に挑むのである。

そんな大事なお守りを、ロブサンはベースキャンプに置いたままにしていたのだ。いくら強気なロブサンと言えど、高僧から危険を指摘されていたのだから、いつもより安全に気を遣っていたはずだ。もしかしたら、一抹の不安を感じていたかもしれない。だからこそ、レスキュー後にベースキャンプに戻ろうなどと、「らしくない」ことを言ったのかもしれない。

だがならば、お守りを置いていくというのは非常に違和感がある。シェルパにとってのお守りは重要だ。実際、遺品整理でお守りを見つけた伯父は、「あいつはなんでこんな大事なものを置いていったのだ」と残念がっていた。

＊

不安に感じていたので本来ならば用心深く振る舞うはずが、どこか集中力を欠き「心ここにあらず」の状態になってしまう。

この矛盾した精神状態は、前章で紹介したヒドン・クレバスの落下とまったく同じである。彼も山で事故に遭遇する「確率」に怖れを感じていたので、当然、安全に気を遣っていたはずだ。にもかかわらず、本来、外してはいけない場面でザイルを外していた。完全に矛盾しているのだ。

この矛盾を説明できるのはただひとつ。彼らは「何か」を感じ取っていたのだ。だが、それが一体どういうものなのかはまったくわからない。周囲にも口でうまく説明できない嫌な予感。その「何か」に心を乱され、「いつもの自分」を保てなくなってしまったのではないか。

それが本章の冒頭で述べた、九・一一テロの直前、多くの人々の意識を乱した「何か」だったのではないか。

もちろん、これは私の推測に過ぎない。だが、あのエベレストで亡くなる直前、ロブサンが私には見えない、感じることもできない「何か」に恐れていたのはまぎれもない事実だ。

今思えば、もしかしたらそれは「死の恐怖」だったかもしれない。

実はこの四ヶ月ほど前、ロブサンは大切な友人を亡くしていた。スコット・フィッシャーというアメリカ人登山家で、ロブサンとは古くからの付き合いだった。私とパートナーを組む以前より、幾度となく、ともに登っている。ロブサンからすれば、まさしく兄貴分的な存在であり、親友でもあった。

そして、この年の五月、そのスコットとロブサンは一緒にエベレストに登った。彼をサポートするシェルパ隊のリーダーを務めたのである。

だが、標高八四〇〇メートル地点で悲劇が起きる。天候の悪化から吹雪となってしまった中で、スコットの調子が悪くギブアップしてしまったのだ。精魂尽き果てて、その場で座り込んで一歩も動けなくなってしまった。

ほかの仲間たちを下ろして、ロブサンはスコットに付き添っていたが、吹雪は激しさを増していく。このままここで付き添っていても、二人で共倒れだ。ロブサンは、一人だけ八〇〇〇メートルまで下りて助けを呼んで戻ってくる、とスコットに言った。ロブサンによると、スコットは行かないでくれと頼んだという。

この猛吹雪の中で、八四〇〇メートル地点で動けぬ者を運べるわけがない。かと言って、吹雪が止むのを待っていたら、スコットの命はない。つまり、これは救助を呼びにいくと言いながらも、実質的には「見捨てる」ということを意味しているのだ。山の世界では、残念ながらこういう厳しい決断を迫られる局面がある。

そこで二人の間にどういうやりとりがあったのか私は知らない。ただ、ほかのシェルパたちから聞いたところ、ロブサンは泣きながら下山をしてきたという。そして、周囲にこんなことを言った。

「スコットを見捨ててしまった。今度は俺に罰が当たる」

こんな罪悪感があったが、スコットの家族は、ロブサンに対してベストを尽くしてくれたと感謝をした。そのため、事故の後、ロブサンをアメリカへも招待している。固い絆で結ばれた友人の間で起きた、標高八四〇〇メートルの悲劇は、『Newsweek』誌でも大きく取り上げられた。

そしてアメリカから戻ってきてすぐに、私とエベレストにやってきたのだ。私もこれまで山で多くの仲間たちを亡くしてきたので、彼がスコットへの気持ちを引きずっていたのは痛いほどわかった。

例えば、ロブサンのダウンジャケットは袖の上部が破れてガムテープでグルグル巻きにして補修されていた。それはどうしたのだと問うと、ロブサンは悲しそうな顔をして、下山をする時にスコットにピッケルで引っかけられたと言った。詳しくは聞かなかったが、置き去りにした際、ロブサンに留まってほしいがゆえの行動だったのかもしれない。

いずれにせよ、そんな「親友を見捨てた証」が常に袖にあるわけだ。ロブサンの脳裏に常に罪悪感と、「今度は俺だ」という恐怖がこびりついていたのは容易に想像できる。

事実、雪崩に遭遇する少し前、エベレストの八四〇〇メートル地点を見上げながら、ロブサンは独り言のようにポツリと私にこう言った。

「小西ダイ、あそこにスコット・フィッシャーがいるよ」

＊

ロブサンが親友を見捨てた罪悪感から「死の恐怖」にとらわれていたのなら、「疲れた」とベースキャンプに戻りたがるなど、「らしくない発言」をしたのも納得できる。

死ぬ確率を気にしていた未踏峰のヒドン・クレバスに落下した友人が、そんな不安を抱えているとは思えぬような大胆な行動を取ったように、「死の恐怖」は、時に人を矛盾した行動に走らせる。ロブサンが登山家に必要不可欠なピッケルを自宅に忘れるというあり得ないミスをしたのも、お守りをベースキャンプに置きっ放しにしたのもそのひとつかもしれない。

ただその一方で、あの口笛は「死の恐怖」にとらわれて、心ここにあらずという人間ができるような代物ではない。

迫り来る大雪崩という、圧倒的な絶望を前にして、シェルパのプロ意識だけであのような行動を取ることは決してできないだろう。そこには、「死の恐怖」も跳ね返すだけの強靭な精神力、「覚悟」のようなものが感じられる。

彼の口笛が今も耳にこびりついている私からすれば、ロブサンが「死の恐怖」にとらわれたとは到底思えないのである。

ロブサン亡き今、この答えは永遠に出ないだろう。

ただ、ひとつだけ断言できるのは、ロブサンはあの大雪崩が起きる前に「何か」を感じ取っていたということである。そして、そのような彼の「異変」を、私自身も感じ取っていたということである。

「たられば」になってしまうが、もしあの時、ロブサンの言うように山を下りていたら……。

山を知り尽くした一流のシェルパが見せた「異変」は、「危機の予兆」だとわかっていれば、
私たちはあの雪崩を回避することができた。少なくとも、ロブサンはあの場で死ぬことはなかったのである。

彼の死から私が学んだことは、人間の危機を察知する能力を甘くみてはいけないということだ。

いつもなら絶対にしないミス。いつもなら絶対にしない弱気な姿勢。心ここにあらずというような言動――。もし自分のチームのメンバーがこのような「シグナル」を出していたら、それを無視してはいけない。

これらの「異変」は人間が本来持っている「危機察知能力」によるものなのかもしれないからだ。これまでお話をしてきたように、危機管理というのは「危機」の予兆を読み取って、それを回避するということだ。

そうした意味では、「いつもと違う」という「シグナル」を感じることが、まさしく生死を分ける極めて重要な要素になるのだ。

CASE

9

北アメリカ・アラスカ高峰　滑落遭難事故

クライマーの「異変」の数々

なぜ私がここまで「異変」の重要性について、しつこいように訴えるのかというと、事故や遭難をした人間がその直前に「微かな異変」を示すというケースは、ロブサンや前章のヒドン・クレバスに落ちた友人だけではない。

山の世界では、ちっとも珍しい話ではなく、むしろありふれた話なのだ。そのような「微かな異変」を数え切れないほど目にしてきた私からすれば、この「微かな異変」は大きく分けて三つある。

一・心ここにあらずでボーッとしている。

二・目がキツネのようにつり上がって、言動も乱暴になる。
三・「透明感」が出てくる。

一体なんのことやらという人もいると思うので、ひとつずつ説明していこう。一に関しては、ロブサンたちもそうだが、「はじめに」で触れたような栗城氏もこれに当たるかもしれない。これから無酸素登頂をするとは思えぬ気迫を感じられないあの雰囲気は、同じく無酸素登頂をやってきた人間からすれば、「微かな異変」であることは言うまでもない。

二については、こちらはまるで何かに取り憑かれて人が変わったように厳しい言葉を吐いたりする「異変」だ。

どのようなものかを説明するため、ヒドン・クレバスでの事故と同様、私が弟分として可愛がっていたあるクライマーを例にしてお話をしよう。

＊

彼も、八〇〇〇メートル峰を次々と登頂し、登山家として脂が乗り切っていた。そんな彼が七〇〇〇メートル峰にチャレンジするというので、出発の四日前に私の家で壮行会を開いた。

はじめは楽しく談笑をしていたのだが、そのうちK2で発生したある遭難事故について話題が触れると突然、これまでの彼とは思えぬような「雑」なことを言い始めたのだ。

彼は極めて誠実な人間であり、遭難や事故の話をする際にも、常に亡くなった登山家に対する配慮や尊敬の念も忘れなかった。それがなぜかこの夜に限っては、「みんな死んじまったみたいですよ」という配慮も尊敬も感じられない、かなり荒っぽいもの言いをしていたのである。

「異変」はそれだけではなかった。顔だ。どちらかといえば、タレ目で、いつも穏やかな笑顔を浮かべることの多い彼が、なぜかこの日の夜は、目が軽くつり上がっているように見えたのだ。出発前に気持ちが高ぶって眼光が鋭くなっているのかなとも思ったが、そうではない。単純に目がつっていたのだ。

「あいつ、なんか変だぞ」

彼を送り出した後、私からそう言われたのを、妻は今でも覚えているという。彼と私は二人で何度か山に登っていて、二人っきりで極めて長い時間を一緒に過ごしている。山という極限の世界では、人間の本性が丸出しになる。私は彼がどういう人間かはよく知っていたつもりだったので、この日に見た彼の姿に大きな違和感を覚えたのである。

彼が雪崩に遭って亡くなったのは、その三週間後のことだ。

私はその現場にいたわけではないので、ああだこうだと彼の行動について論じる資格はない。ただ、後に彼が亡くなったという斜面の写真を見た時は、率直にこう思った。俺ならば絶対に登らない——。

彼は、私ならば絶対に足を踏み入れないような雪の大斜面を真っ正面から登っていた時に、雪崩に襲われたのである。もちろん、登山隊のリーダーが決め、そして何よりも彼自身が自らの決断で登ったことなので、そこに異を唱えるつもりは毛頭ない。ただ一方で、あんな斜面を真っ正面から登るなんて、命がいくつあっても足りないと、私のような感想を抱く登山家は少なくなかったのもまた事実なのだ。

それからほどなくして、同じ登山隊のクライマーと食事をする機会があったので、そこで私が感じた違和感について尋ねてみた。あの〝キツネ目〟についてである。

「彼は最近、少し変じゃなかったか。目が少しつり上がっていたぞ」

そんな言葉に、クライマーは少し戸惑いながらも「確かに、そうだったかもしれませんね」と同意した。ただ、クライマーはそれを「異変」ではなく、彼が登山家としてさまざまな経験を積んできたので、眼光が鋭くなってきた、と受け取っていたというのである。

＊

私はこれまで超一流と呼ばれるクライマーたちと何人も会ってきた。確かに、生死を乗り越えてきた登山家の顔は引き締まって精悍になる。だが、あの時の彼の顔は精悍というものとはまったく違っていた。何か心にギスギスしたものがあり、それが表情に表われていたのだ。昔の迷信でいえば、何か「憑《つ》き物」に憑かれてしまったかのような印象だったのだ。

そんなのは個人の受ける印象なので当てにはならないと思うかもしれないが、彼のように発言が雑になって、どこかギスギスした雰囲気になるというのは、事故や遭難に遭う人には珍しくない兆候だ。

もう一人の登山家もそうだった。彼もまた若いころから私と親しくしていた弟分のような登山家である。ある日、彼にちょっと頼みたいことがあって、携帯電話で連絡したが出てくれなかった。普段はサラリーマンをしているので、何かで忙しくて出られないことも多いが、その後、彼は必ずコールバックをしてくれた。どんなに忙しくて間が空いても、「すみません、電話に出られなくて」とかけ直してくる。そんな律儀な男だった。

だが、この時はどういうわけか、待てど暮らせどコールバックはなかった。

数時間ほど経過して、私は彼の勤務先に電話をしてみた。すると、当たり前のように彼は出てきた。私がどうしてコールバックをしてくれないのかと尋ねると、彼はちょっと忙しくて、というような主旨のことを話したのだが、どうにも様子がおかしかった。

不機嫌というか、物言いがかなり「雑」だったのだ。

会社で何か人間関係のトラブルなど嫌なことでもあったのかと思うほど、ギスギスした雰囲気が受話器からも伝わってきた。もちろん、人間なので虫の居所の悪い時だってあるだろう。だが彼は、これまで私に対して、そのような態度を取ったことはなかったのだ。

「こいつ、何かいつもと違うな」。そんな違和感を抱きながら、私は電話を切った。彼が冬山で亡くなったのは、それから数日後のことだった。

＊

山の世界ではこうしたケースは枚挙にいとまがないのだ。そんな話は信じられないと思う人もいるかもしれないが、これらは危機管理の上から言えば、それほど不思議な話ではない。

本書の前半で繰り返し述べてきたように、事故やミスというのは「心」が引き起こす。「焦り」や「驕り」という心の乱れが、状況判断や行動を狂わせて、それが致命的な事故やミスを引き起こすのである。

これまで紹介した、事故の直前に私が「微かな異変」を感じた人々というのは、心がここにあらずという感じでつまらないミスを連発したり、これまでとはまったく違うような言動をしたり、何かにイラついているようだった。つまり、「心」がいつもの状態ではなかった。

私は、これまで幾度となく「死の地帯」に足を踏み入れて、五体満足で無事に生還してきた。そこで大切なのは、先手必勝ではないが、事前準備をどれだけ完璧に行なえるかということであるが、それと同じくらいに大切なのが「平常心」である。

焦らず、驕らず、恐怖にとらわれず、心を常に乱されることなく、沈着に行動をする。「危機」が近くに迫れば迫るほど、このような「平常心」が求められるのだ。

では翻って、これまで不慮の事故で亡くなった彼らを見てみたらどうか。皆一流のクライマーで、危機管理のプロではあったが、「平常心」であったかと言うと疑問が残る。これまで指摘してきたように、皆「いつもと違う」という言動が多々見受けられたからだ。

そのような意味では、ロブサンも彼らも、彼らが悲劇に見舞われる直前に見せた「微かな異変」というのは、彼らが太古の人類が持っていた危機察知能力、つまりは動物的な勘によって、「何か」を察知して、それに心がとらわれてしまった状態だったのかもしれないのだ。

もちろん、これはあくまで私の仮説である。しかし何にせよ、これまでのケースはまだ説明をしようと思えば説明ができるという「危機の前兆」である。これからご紹介するのは、残念ながらどのような理屈でも説明ができない。もしかしたら、人によってはバカバカしいと失笑されるかもしれない。

それが三番目の「微かな異変」である「透明感が出てくる」ということだ。

なかなか信じてもらえないかもしれないが、私はこれまで事故や悲劇に見舞われる人たちが、その直前、この世のものとは思えない透明感が出て、むしろ本当に透けて見えるという現象を何度も目の当たりにしているのだ。

「最強の登山家」の死

かつて日本の登山家の中で「最強」と呼ばれた登山家がいた。そう聞くと、登山家の中にはすぐにピンとくる人も多いと思うが、ご遺族や関係者もいらっしゃるので、ここでは「最強の登山家」としておこう。

彼は、私を非常によく可愛がってくれて、私も彼を大先輩として厚く尊敬していた。ある映画の登山指導の仕事でご一緒させていただいた後、ある大物俳優の自宅でパーティがあった。楽しい時間を過ごしているうちにすっかり朝になって、私と彼は帰宅することになった。

東京の井の頭線。朝の通勤ラッシュの中で、私たちは乗り込んでつり革に身を持たせながら、何気ない会話をしていた。と、その時、ふっと彼の方を見た時、その体が透けて見えたのである。

比喩ではなく、本当に透けていた。うまく説明できないが、朝焼けの光の中で、この世のものとは思えない透明感があったのだ。

最初は信じられない思いがしたが、何度、目を瞬いても透けていたのだ。ただ、彼にそのようなことを言っても「小西、お前大丈夫か」と笑われるのがオチなので、その「異変」を伝えることはせず、自分の心にしまっておいた。

もしかしたら彼ほどの一流登山家の境地になれば、人間離れしたオーラのようなものが現われるのかもしれない。

そんなふうに思った。

しかし、それから三週間後、私は耳を疑った。「最強」と呼ばれた彼が、アラスカの高峰で亡くなったというのだ。

そこで二人の仲間とともに頂上を目指したものの行方不明となり、その後に氷壁の下で遺体となって発見された。三人はアンザイレンしていた。つまり、ザイルで結び合っていたのである。

実は私も遺体収容のため、この時、そのアラスカの高峰にレスキューへ向かって事故現場をこの目で見ているのだが、彼らに何が起こったのかはまったくわからなかった。

＊

「最強の登山家」の悲劇の後、私は何度かこのような「透明感」のある人々と出会った。そして恐ろしい話だが、彼らは例外なく、事故やトラブルによって大きな悲劇に見舞われている。例えば、二〇一一年にマナスル（標高八一六三メートル）無酸素登頂にチャレンジをした際、キャンプ1で出会った人たちもそうだった。

五八〇〇メートルほどの地点で、私たちがテントの中で休んでいると、そこへフランスの登山隊がやってきた。フランス人が三人、シェルパが二人の計五人だった。

彼らと軽い挨拶を交わした後、五メートルほど横にいるフランス隊のメンバーを見てぎょっとした。五人全員の姿が透けて見えたのだ。

これまでの経験から言って、何かとんでもない悲劇に見舞われるパターンだ。

とはいえ、そんなことは彼らに伝えられない。標高五八〇〇メートルで初めて会った日本の登山家に、「君たちのことが透明に見えたので気をつけろ」などと言われても、素直に受け取れるわけがない。むしろ、これから頂上へアタックしようという彼らの「心」を乱すことにもなりかねず、かえって危ない。

気のせいであってくれと願いながら、私たちは下山した。だが、その思いは叶えられなかった。それから十日後、カトマンズに戻る途中の私のもとに、例のフランス隊がアタック中に全員行方不明になったという悲報が届けられたのである。

今もまだ彼らの遺体は見つかっていない。

「微かな異変」と「危機の予兆」

これらの話は正直なところ、私自身もどういう理屈なのかまったく見当もつかないので、信じていただけなくても仕方がないと思っている。

確かに、人が透明に見えるなど、怪しげな宗教や超能力の類だと思われても仕方がない。だが、あえて私がこのような話をしたのは、皆さんに「危機の前には必ず何かしらの予兆がある」ということを、どうしても理解していただきたかったからだ。

透けて見えるというのは確かに私だけが感じたことなので、科学的に証明できない。しかし、心ここにあらずでつまらないミスをしたり、目がつり上がって、普段は穏やかな人柄の人間も、どこかギスギスしたようなキャラクターに豹変するなどは、少し感覚を研ぎ澄ませば、誰でも感じ取ることができる。

危機の前の「微かな異変」はさまざまな現われ方があるが、「それ」はほぼ確実に現われるということだ。

このわずかなシグナルを感じ取って「何かがおかしい」と立ち止まるのと、「気のせいか」で見過ごしてしまうのでは結末がまったく異なってくる。その感性の有無が、生死を分かつという現実が、危機管理の場では確かにあるのだ。

もちろん、それは山の世界だけではない。それを最もわかりやすく体現しているのが、昨年末に発覚した、新幹線「のぞみ」の重大アクシデントだ。

二〇一七年十二月十一日、小倉発東京行きの新幹線「のぞみ34号」の車内には、「微かな異変」が発覚していた。

まず、小倉駅を発車した時点で、「パーサーおよび客室乗務員より『焦げたような匂いがする』との申告」があった。次に、福山から岡山の間を走行している際には、後に亀裂が見つかった十三号車車内の乗客から「車内にモヤがかかっている」という申告まであった。そこで、岡山駅で車両保守点検担当社員が添乗して確認したところ、「唸り音」を確認した。

明らかに「いつもと違う」という異変である。「何かがおかしい」と誰もが思ったが、「のぞみ34号」はそのまま走り続けた。

東京にある新幹線総合指令所が、保守点検担当者は停車駅での点検をすべきだと提案を受けたが、「走行に支障するような音ではない」という判断をしたからだ。要は、「微かな異変」を「気のせい」で片づけてしまった。

だが、これは「気のせい」ではなかった。

新幹線の運行がＪＲ西日本からＪＲ東海に切り替わる名古屋駅で調査をしたところ、なんと台車部分に一四センチの亀裂が入っていたというのだ。後の調査であと三センチ亀裂が進んでいれば、完全に台車は破断していたことがわかっている。

台車が壊れたらどうなるか。発覚後、ＪＲ西日本本社で会見した吉江則彦副社長は「脱線などに至ったかもしれない」と述べた。

「のぞみ」の最高速度は三〇〇キロ。これだけのスピードで脱線すれば、約一〇〇〇人の乗客がどれほどの危険な目に遭うかは想像するだけで恐ろしい。間違いなく、日本の新幹線の歴史で最悪の「未曾有の危機」となっていたはずだ。

ご存知のように、新幹線は日本が世界に誇る高い技術を集結したもので、その徹底した安全管理にも定評がある。これまで深刻な事故を起こしていないからだ。そんな危機管理に長けていた新幹線でさえ、「危機の予兆」を見逃してしまうのである。

私に言わせれば、今回の失敗の原因は、現場にいる人の危機察知能力を、東京の総合司令所が軽視してしまったことにある。

焦げた匂いがする。車内に「モヤ」がかかっている。唸り音がする。このような報告は確かにすべて個人の感覚的なもので、科学的な裏づけがない。日本の大動脈として、一日四三三本、一列車平均遅延時間は一分を切るという正確な運行を誇る新幹線を、何の根拠もなく、個人の感覚くらいで止めてはいけないという力学が働いたのは容易に想像できよう。

だが、これまで極限の現場を見てきた私からすれば、「危機の予兆」というものは、そんなにわかりやすいものではないのだ。何かいつもと違う。何か嫌な予感がする——。実はそのような感覚的なものでしか説明できないものが多いのである。

危機を避けるには、まずはありとあらゆる「最悪」を事前に想定して、「徹底した準備」を行なうことに尽きる。ただ、そのような準備をしても、不測の事態はどうしても発生する。その時は焦らず、驕らず、恐怖にとらわれず、「平常心」で沈着に行動することが重要だ。

だがそれでも、人智を超えた「危機」というものはやってくる。これを最後に避けるのは、すべて人間が本来持っている危機察知能力ではないかと私は考えている。

神経を研ぎ澄ませ、周囲を注意深く観察して「微かな異変」を感じ取る。それはきっとこれから起きるであろう「危機」のシグナルになっているはずだ。いつもと違う、このまま進んだら悪いことが起きそうな予感がする。そんな自分の感覚を信じるしかないのである。

これこそが、私が標高八〇〇〇メートルという「死の地帯」や、不慮の事故などで命を落とした山の仲間たちから学んだ、危機管理の本質なのである。

究極の危機管理とは、「究極の事前準備」である

ここまで、私が実際に山の世界で九死に一生を得た経験や、尊敬する先輩、そして仲間が遭遇してきたさまざまな「危機」を紹介してきた。

本書の冒頭、「はじめに」で繰り返し強調させていただいた「危機の九〇パーセント以上には予兆がある」ということが、少しでもご理解をいただけたのではないだろうか。

どのようなケースであっても、これらの「危機」に共通しているのは、発生した当初は私も含めて周囲の人たちはこう語り合っていたことである。

「あのような事態が起こるとは、まったく予想できなかった」

「彼ほどの一流のクライマーでも避けられなかったということは、誰でも避けることができなかったに違いない」

「ほかの仲間たちは無事だったのに、あの人だけが事故に遭遇するなんて、たまたま運が悪か

った」

つまり、私たちが振り回される「危機」というものは、人智をはるかに超えた「運命の悪戯《いたずら》」のようなものだということである。

実際、これまで私も大切な仲間、尊敬する先輩たちを失った時、なぜあんな素晴らしいクライマーが命を奪われなくてはいけないのかと、運命の不条理や神の無慈悲に落胆したこともある。

ただ、自分自身が標高八〇〇〇メートルという「死の地帯」に何度も足を踏み入れて生還するうち、そうした考えは誤りではないかと思うようになった。

避けられなかったように感じられた大きな事故や遭難というものを、冷静かつ客観的に振り返っていけば、必ずそこには「予兆」が見つけられた。「いつもと違う」と感じる「異変」が必ず二、三は存在していることを、自分自身や仲間たちが見舞われた悲劇の中で確認ができたのだ。

つまり「危機」というものは、想定外でも運命の悪戯でもなく、避けることができるものなのだ。

＊

もちろん、繰り返しになるが、だからといって、「危機」に見舞われた方たちを自業自得だなどと言っているわけではない。

この「異変」を察知するのは大変難しい。数々の修羅場をくぐってきた一流登山家という、いわば危機管理のプロでも、この「危機のシグナル」に気づくことは容易なことではないのだ。そのような意味では、察知できない方が当然と言ってもいいかもしれない。

だが、難しいということは「不可能」ということではないのだ。

運命の悪戯のように「危機」に遭遇して、その尊い命を奪われてしまう悲劇はあるが、その一方で「危機の予兆」を動物的な勘や、用心深さで見事に回避して九死に一生を得た人、つまり「生き残った人」というのも確かに存在している。

ならば、私たちは「危機」で命を奪われてしまった人たちの事故や悲劇を教訓に、そこから真摯に学び、生き残るための努力をすることこそが、後に残された私たちの使命ではないだろうか。

それが、本書のような遭難事故をケーススタディにした危機管理の極意をまとめようと考えた最大の動機である。

さて、そのようにこれまで六つの習慣を紹介してきたので、いよいよ最後の習慣をご紹介しよう。

それは、「事前準備を徹底する」ということだ。

一瞬、「えっ、そんな基本的なこと?」と驚くかもしれないが、実はこれこそが危機管理の極意というか、突きつめていくと、この基本をどれだけ徹底できるかが、「生死」を分けることになるのだ。

*

例えば、想像していただきたい。あなたはやり手のビジネスマン。会社の命運をかけた巨大なプロジェクトの責任者を任された。その中核をなすのが得意先と進めている契約なのだが、ある時その契約内容に不備を発見した。もしそのまま進めていけば、どこかで発覚して会社が莫大な不利益を被ることになる。

あなたが焦りや驕りがなく、平常心を保っていたがゆえに察知ができた「異変」だが、それは今後の行動によって、真に「危機」を回避できるかどうかの分かれ目にもなるだろう。

例えば、この大型契約を破棄したら、巨大プロジェクトは暗礁に乗り上げる。ゼロからやり直しということになれば、あなたのビジネスマン生命を危機に追いやってしまうだろう。

ではこのような「危機」に直面して、あなたがどうすれば「生き残った人」になれるかというと、「代案」を用意しておくことだ。

現行の契約の見直しが余儀なくされるなどの不測の事態に備えて、プランA、プランBという形でバックアップを用意しておくのである。

そんなことまでなかなかできない、と感じる方はいるかもしれないが、私が知っている一流のビジネスマンたちは皆、これくらいの「事前準備」をすることの労は惜しまない。いや、むしろ私の目には、あらゆるリスクを想定して、このような「事前準備」に時間を費やしてきたから、彼らは一流のビジネスマンという「生き残った人」になれたようにも思う。

＊

平常心をマネジメントして、わずかな「異変」を察知するということは、危機管理の中でも極めて重要な要素だが、実はこの「事前準備」がなくてはそれも報われない。そのような意味では、実は「生き残った人」というのは、この「事前準備」の重要性を理解している人のことだ。

皆さんは、八〇〇〇メートル峰のような想像を絶する危険な場所へ挑む登山家が無事に麓へ生還するには、そのような「死の地帯」でも恐怖や絶望に屈することのない鋼のような精神力と、鍛え抜かれた肉体が大事だと思っていることだろう。

もちろん、それらは絶対に必要だが、ではそのような精神力や肉体をどうやって作るのかといえば、「事前準備」である。

登山というと、山に登ってからが「勝負」だと誤解をしている人が多いが、正確には山に登るまでにどれだけ精神力や肉体をピークに持っていくかという「事前準備」を完璧に行なえるかどうかが「勝負」なのだ。私はこれを「段取り」と呼んでおり、山に挑む際のエネルギーの九割はここにかけると周囲に明言している。

ちなみに、あとの一割は何かというと、それは実際に山に登った時の「気迫」である。と言っても、これも必要以上に力んでしまえば、ガチガチに体に力が入って逆効果だ。焦らず、驕らず、恐怖にとらわれず、平常心をキープしながらも熱く燃えたぎるものを内に秘めるというのが、私の言う「気迫」である。

ただ、よくよく考えてみると、このような精神状態も、「段取り」がうまくいっていないと出し切れるものではない。よくプレゼンテーションなどで上がってしまうという人がいるが、あのような過度の緊張というのは、心理学では「不安」からきているという。では、なぜ「不安」なのかというと、事前準備が完璧ではないので自信がないということも多い。

よく「先手必勝」という言葉があるが、あれはさまざまな勝負の世界に当てはまる真理である。勝負をするための心構えを作っていくにも、結局は準備が大切なのだ。そういうことで言えば「生き残るための闘い」である危機管理においても、「事前準備」が九割どころかすべてと言ってもいいかもしれない。

＊

では、具体的にどのような「事前準備」が必要なのか。私のようなプロ登山家の場合、資金集め、スポンサー探しなど金銭という現実の「段取り」にも悩まされるが、基本的にはトレーニングをして肉体のコンディションを絶頂にもっていくことや、脳みそに汗をかくほどシミュレーションをするなど、いわば「事前準備」が圧倒的に大切なのだ。

そこでは先ほどのビジネスマンのケースではないが、もし不測の事態が起きた際のプランA、プランBを用意しておく、本書の中でも紹介したように常に「最悪」を想定して、ありとあらゆるアクシデントを予測して、それを乗り切るための対案をひねり出す。考えすぎて、考えすぎて、時には喉に食事が通らなくてゲッソリしても手を抜いてはいけない。

この「段取り」がしっかりとできているか否かが、「危機」に遭遇した時に「生死」を分けるのだ。

実はこれはほかのスポーツでも、そしてビジネスでも変わらない。反射神経やフィーリングで、得意先へ営業をしているというやり手の営業マンはいない。このような一流の人間は常に二手、三手と先を読んで、相手に契約を結ばせるための情報を収集して、必要な根回しを行ない、それを生かす戦略を組む。つまり、私たち登山家と同じような「段取り」を組んでいるのだ。

「最悪」を回避して、生き残るためにはどうすればいいか。その「答え」が出るまでただひたすら考える。「もういやだ」「こんなことをしても意味がない」などの絶望感をもってはいけない。「段取り」は地味で面倒な作業だが、「最悪」から逃れて生き残る、つまり「成功」をするためには必要であり、最も重要なプロセスなのだ。

さて、これでいよいよ「生き残った人」の七つの習慣がそろったので、最後に簡単に振り返って、これを本書のまとめとさせていただきたい。

一・危機の予兆を見逃さない。
二・「目標」や「ゴール」に執着しない。
三・どんな状況でも絶対に焦らない。
四・「想定外」という言葉に甘えない。
五・常に「最悪の事態」まで先回りして考える。
六・ほかの人が見落とす「微かな異変」に気づく。
七・「事前準備」に九割の力を注ぐ。

偉大な冒険者たちが示してくれた教訓、そして私がこの身をもって経験したことから導き出された「七つの習慣」。もしこれを常に心がけていれば、きっとさまざまな「危機」から身を守ることができるはずだと私は信じている。

先の見えない時代に、人生でさまざまな困難に立ち向かう皆さんの危機管理に、少しでもお役に立つことができれば、これほど嬉しいことはない。そして若くして命を落とした山の仲間たちもきっと喜んでくれるのではないだろうか。

最後に、本書で引用させていただいたさまざまな事故、遭難、そして災害などでお亡くなりになられた方たちのご冥福をお祈りするとともに、ご家族の皆さまの心に平穏が訪れることを心からお祈りして、本書の結びとさせていただく。

二〇一八年十一月吉日

小西浩文

装丁　尾崎行欧デザイン事務所（尾崎行欧、宮岡瑞樹）
編集協力　窪田順生

小西浩文

こにし・ひろふみ

無酸素登山家。1962年、石川県に生まれる。15歳で登山をはじめ、1982年、20歳でチベットの8000メートル峰シシャパンマに無酸素登頂。1997年には日本人最多となる「8000メートル峰6座無酸素登頂」を記録。酸素量が平地の3分の1になる8000メートル峰でも、酸素ボンベを使用せず、自らの肉体と精神力を鍛えて登ることを信条とする。20代後半から30代前半にかけて、3度のガン手術を経験。ガンの手術の間に2座の8000メートル峰、ブロード・ピークとガッシャーブルムII峰の無酸素登頂に成功。ガン患者による8000メートル峰の無酸素登頂は、人類初となる。また映画『植村直己物語』に出演、映画『ミッドナイトイーグル』の山岳アドバイザーを務める。現在は、これまでの経験を生かし、全国で講演活動や、経営者、ビジネスマン、アスリートを対象にした総合的なコーチングを行なっている。著書に、『生き残る技術』『勝ち残る！「腹力」トレーニング』（ともに、講談社＋α新書）、『「無酸素」社会を生き抜く』（日本経済新聞出版社）などがある。

生き残った人の7つの習慣

二〇一八年十二月三十日　初版第一刷発行

著者　小西浩文
発行人　川崎深雪
発行所　株式会社　山と溪谷社
郵便番号　一〇一－〇〇五一
東京都千代田区神田神保町一丁目一〇五番地
http://www.yamakei.co.jp/
■乱丁・落丁のお問合せ先
山と溪谷社自動応答サービス
電話　〇三－六八三七－五〇一八
受付時間／十時～十二時、十三時～十七時三十分
（土日、祝日を除く）
■内容に関するお問合せ先
山と溪谷社
電話　〇三－六七四四－一九〇〇（代表）
■書店・取次様からのお問合せ先
山と溪谷社受注センター
電話　〇三－六七四四－一九一九
ファクス　〇三－六七四四－一九二七

印刷・製本　大日本印刷株式会社

定価はカバーに表示しています

Printed in Japan　ISBN978-4-635-31039-0